1　**螺鈿紫檀五絃琵琶**（正倉院）
世界で唯一現存する五絃琵琶

2　**紅牙撥鏤尺**（正倉院）
儀式用のものさし

3　**蘭奢待［黄熟香］**（正倉院）　沈香の名香

4　**平螺鈿背円鏡**（正倉院）
螺鈿で背面を装飾した鏡

5　**纈地大唐花文錦［琵琶袋残欠］**
（正倉院）　唐時代の唐花文錦の優品

6　紺瑠璃壺（正倉院）
平安時代に東大寺へ献
納されたガラスの遺品

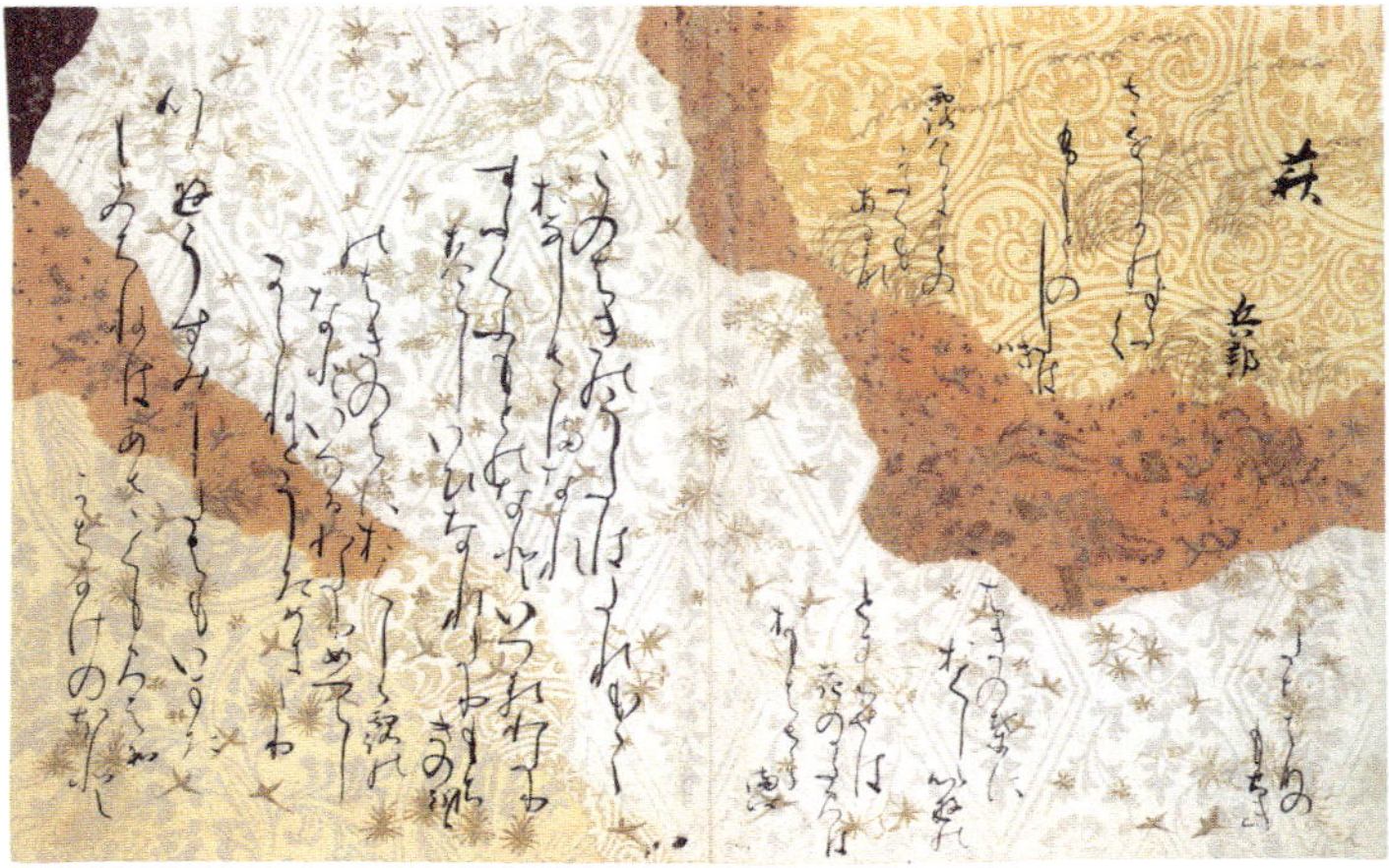

7　西本願寺本三十六人家集　順集（本願寺）　和製の唐紙が多く使われている

8　青磁水注（京都国立博物館）越州窯．道長一族と唐物の結びつきを思わせる秘色青磁

9　梅枝巻の薫物合（「源氏物語図色紙貼交屏風」三重県立斎宮歴史博物館）光源氏の弟・蛍宮（左端）と、薫物を入れた紺瑠璃と白瑠璃の壺を持つ従者

10　『慕帰絵詞』巻八に描かれた青磁花瓶と青磁香炉（本願寺）
唐物の幅広い階層への浸透を伝える

11　青磁壺（称名寺所蔵，神奈川県立金沢文庫保管）
元時代，龍泉窯

12　曜変天目（静嘉堂文庫美術館イメージアーカイブ / DNP artcom）　南宋時代，天目茶碗の最高級品

13　珠光青磁茶碗（出光美術館）
南宋時代，村田珠光が好んだ民窯の黄褐色の青磁

14　鳥獣紋様綴織陣羽織（高台寺）
豊臣秀吉着用の，ペルシャのタペストリーを使った陣羽織

15　南蛮屏風　右隻
（神戸市立博物館）
桃山時代，狩野内膳筆．荷揚げされる南蛮貿易の品々を描く

16　ガラス仙盞瓶（神戸市立博物館）　ネーデルラント製，ガラス器．江戸時代に輸入されたもの

17　金唐革の煙草入れ（たばこと塩の博物館）
舶来の金唐革を煙草入れに加工したもの

唐物の文化史

——舶来品からみた日本

河添房江
Fusae Kawazoe

岩波新書
1477

はじめに

古来、異国からもたらされた品々は貴重であり、人々の憧憬の的であった。たとえば正倉院宝物。毎年秋に開かれる正倉院展では、シルクロードや中国を経て日本にもたらされた品々の精緻さが、時を超えて私たちを魅了してやまない。

また足利義満をはじめ室町将軍家が残した舶来品の厖大なコレクション、東山御物《ひがしやまごもつ》も日明貿易の盛栄をいまに伝える逸品ぞろいである。ほかにも古代の遣唐使が持ちかえった品々や、平安・鎌倉時代の日宋貿易、戦国時代の南蛮貿易、江戸時代の長崎貿易と、それぞれの時代がいかに舶来品交易の歴史を刻んできたか、挙げていけばきりがない。

ところで歴史をかえりみる時、前近代では「舶来品」というよりも、こうした品々を総称するにふさわしい言葉があることをご存じだろうか。それは「唐物《からもの》」という言葉である。

唐物とは本来は中国からの舶来品、もしくは中国を経由した舶来品を指す言葉であったが、それが転じて、広く異国からの舶来品全般を総称するものとなった。たとえば辞書類をみてみると、シナから渡来した品物。唐錦《からにしき》・唐織物《からおりもの》など舶来品の総称。室町時代には、贅沢品としてもてはやされ、金襴《きんらん》・緞子《どんす》や、茶の湯の道具、沈香《ぢんかう》・麝香《じやかう》・唐絵《からゑ》の類がおもなものである。それらを模し日本で作ったものをも含めていう。近世には南蛮品《なんばんひん》が来たので、それらを含めて広く長崎に輸入される舶来品を称し、これを商う唐物屋《からものや》があった。

（『角川古語大辞典』）

とあるように、中国にかぎらず、南蛮物さらには阿蘭陀《おらんだ》物もふくめて、舶来品を「唐物」と総称していたらしい。しかも茶道具の唐物趣味など、唐物の輸入がふえるのは鎌倉・室町以降であるが、その用例は平安時代にさかのぼるのである。

かの『源氏物語』にも「唐物ども」「唐の物ども」とあり、物語の登場人物はさまざまな唐物を使いこなし、そのステイタス・シンボルとしていた。光源氏もまた唐物を贅沢に所有し、消費し、贈ることで、主人公らしさを発揮したのである。同じく一条朝の文学の華である『枕草子』でも、唐物がさまざまに登場し、定子《ていし》サロンを華やかにいろどり、中関白家《なかのかんぱく》の栄華の象徴となっている。

やや遅れて十一世紀半ばに成立した『新猿楽記《しんさるがくき》』には、唐物として五十種以上の品物が列挙されている。その内容は、沈香・麝香等の香料・薬品類、赤木《あかぎ》・紫檀《したん》などの貴木《きぼく》、銅黄《どうおう》・緑青《ろくしょう》・蘇芳《すおう》等の顔料類、豹皮《ひょうひ》・虎皮《こひ》等の皮革類、茶碗等の陶磁器、綾錦《あやにしき》をはじめとする唐織物類、呉竹《ごちく》・甘竹《かんちく》など笛の材料である。

それ以外にも、唐物として書画・典籍・経典などの存在は全時代を通じて大きいし、鸚鵡《おうむ》・孔雀・鴿《はと》・白鵝《はくが》・羊・水牛・唐犬・唐猫・唐馬などの珍獣、唐紙・唐硯《すずり》・唐墨の文房具もふくまれるなど、唐物の種類は多岐にわたっている。

＊

さて本書では、舶来品すなわち唐物が、古代から近世までどのように日本文化史に息づいているのか、美術品や歴史史料のみならず、文学作品も用いて明らかにしていきたい。従来ともすれば個々の時代で、また歴史学・美術史・国文学など個々の分野の中で語られがちであった唐物について、相互の連関を考えながら、あらたにその歴史を提示したいと思う。唐物とはさまざまな領域に関わる、いわば学際的なテーマであり、時代も横断的に見わたす必要があるからである。

ここで縦軸となるのは当然、唐物交易の時代的変遷とその実態からみた異国との交流史であるが、それにとどまらない。本書ではひとつの核となる視角として、それぞれの時代の権力者たちの権威と富の表象としての唐物のあり方に、スポットを当てていきたい。その際、キーパーソンとして考えていきたいのは、聖武《しょうむ》天皇、嵯峨《さが》天皇、仁明《にんみょう》天皇、藤原道長・実資《さねすけ》、平清盛、奥州藤原氏、金沢貞顕《かねさわさだあき》、佐々木道誉《どうよ》、足利義満・義政、織田信長、豊臣秀吉、徳川家康・吉宗といった人物である。

唐物というモノに注目することは、唐物に関わるヒトの政治的権力と文化的権威の関係をあぶり出すことにつながる。貴重な唐物にアクセスし、それを所有し、消費することには、いかなる意味があったのか。また唐物を交易したり、贈与したりする人間相互の間で、どのような関係が結ばれ、どのような情報が交換されたのか、興味は尽きない。

さらに唐物の歴史を追うところから浮かび上がるのは、日本文化における〈和漢《わかん》〉の構図と、その中に占める唐物の役割である。ここで〈漢〉というのは、中国からもたらされた文化・文物と、日本の中で形成された中国風の文化・文物の複合体を意味する。一見すれば、異国からやってきた唐物はすべて、〈和〉の文化ではなく〈漢〉の文化に位置づけられるように思われるが、ことはそう単純ではない。「唐物」には、異国の品としてありつづけた唐物、〈和〉の世界にとりこまれた唐物、そして日本で模された唐物や唐風の品もあり、その関係性も問題になってくる。本書で扱うのは、主に異国から招来された品そのものであるが、その周囲に和製の唐物や唐風の品もあることを忘れてはならない。こうしたことも念頭におきながら、唐物の歴史をたどっていきたいと思う。

唐物というモノの歴史は、舶来文化を吸収しつづけた日本文化そのものの変遷をじつに雄弁にものがたっている。読者の皆さんには、随所に入れた唐物の図版を味わいながら、舶来品をつねに受け入れつつ形成された日本文化の歴史とはいったい何であったのか、改めて考えるきっかけとしていただければ幸いである。

目 次

第一章

「唐物」のはじまり

—正倉院と聖武天皇—

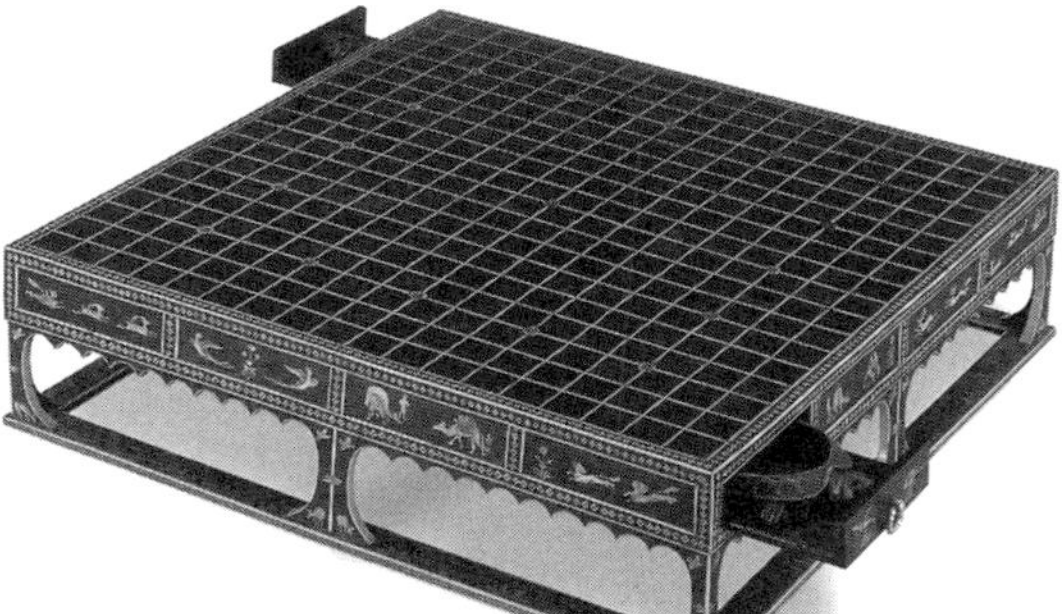

木画紫檀棊局（正倉院蔵）
聖武天皇遺愛の舶載品

唐物のルーツをたどる

まずは唐物の「はじまり」をたどるところからスタートすることにしよう。

そもそも、「唐物」という言葉の起源はどこに求められるだろうか。古代の外来品を指すものとしては、六国史《りっこくし》に登場する「信物《しんもつ》」「遠物《えんぶつ》」「雑物《ぞうもつ》」といった語があるが、「唐物」という言葉じたいは比較的新しいものであり、平安時代以前にはさかのぼれない。

「唐物」という語の初出は、史料の上では『日本後紀《こうき》』の桓武《かんむ》天皇の時代、大同《だいどう》三年(八〇八)十一月の条にみえる。大嘗祭《だいじょうさい》に奉仕する雑楽《ざつがく》(雅楽以外の音楽・芸能・軽業)の人々が朝廷の禁制をまもらず、唐物によってその身を飾り立てたとあり、ふたたび禁止令が出された、という内容である。これらの「唐物」は、大同元年(八〇六)に帰朝した延暦《えんりゃく》の遣唐使によってもたらされたものであったという。大同三年の大嘗祭は平城《へいぜい》天皇の即位にあたっており、貴重品であるはずの唐物が、宮廷である程度広い階層に広がった結果、雑楽の身分の人々にまで流れたというわけである。

さらに承和《じょうわ》六年(八三九)に遣唐使が帰還した際にも、『続《しょく》日本後紀』に「唐物」の語がくり返されている。『続日本後紀』によれば、唐物の一部は山陵《さんりょう》や伊勢神宮に奉納され、また「宮《みや》市《いち》」とよばれる市が建礼門《けんれいもん》の前に立てられ、唐物の交易がなされたという。つまり「唐物」の言葉は、まず何より「唐」からの品、遣唐使が持ちかえった外来品を指す語であった。そしてその品々は奉納するにしても、交易するにしても、基本的には朝廷が管理し、再配分する品であったことがわかるのである。

しかし「唐物」の語が使われはじめる以前にも、「舶来品」はもちろん存在した。大同三年以前にも遣唐使が外来品を持ちかえった記録はあるし、唐以外の朝鮮半島の国々から朝廷にもたらされた舶来品の記録も残っている。本章ではこれらも「唐物」にふくめて、平安以前の上《じょう》代《だい》における舶来品の歴史をたどっていきたい。

『万葉集』の中の「舶来品」

たとえば『万葉集』には、どんな「舶来品」が登場しているだろうか。

『万葉集』全体を通じて、題詞や左注をふくめ、確実に海彼《かいひ》からの舶来品に言及していると思われる例が二つある。ひとつは、次の山上憶良《やまのうえのおくら》の長歌である。

世の中の　すべなきものは　年月は　流るるごとし　とり続き　追ひ来《く》るものは　百種《ももくさ》に
せめ寄り来る　娘子《をとめ》らが　娘子さびすと　韓玉《からたま》を　手本《たもと》に巻かし　よち子らと　手《て》携《たづさ》はり

て　遊びけむ　時の盛りを（以下略）　（巻五・八〇四）

（世の中でどうしようもないものは、年月が流れるように過ぎていくことで、くっついてぞろぞろ八大辛苦が追いかけて、入れかわり立ちかわりおし寄せてくることだ。乙女たちが娘らしく韓玉を手に巻いて、仲間たちと手をとりあって遊んだであろう、その花の盛りを）

傍線の箇所に、盛りの乙女たちが娘らしくふるまおうと、「韓玉」を腕に巻いたとあり、この「韓玉」は諸注釈がこぞって外国産の玉、舶来品であるとしている。

もう一例は、巻十七・三九二六の歌の左注に、左大臣の橘諸兄《たちばなのもろえ》が秦忌寸朝元《はたのいみきちょうげん》に、歌が詠めないのならば、「麝《じゃ》を以てこれを贖《あか》へ」（その代償に麝香を差し出しなさい）と迫ったという、香料の麝香（図1―1）の例である。当時は香料を国内で生産することはできず、すべてが舶来品であった。秦忌寸朝元は、父の僧弁正《べんせい》が遣唐使とともに入唐した時期に唐で生まれ、養老《ようろう》二年（七一八）の遣唐使とともに帰朝し、翌年、忌寸の姓を賜った人物なので、貴重な香料である麝香を持っていたとしてもおかしくない。

図 1-1　麝香皮（正倉院蔵）

日本産の「からもの」

しかし残念ながら、このように実際の舶来品として挙げられる例は意外にも少ない。たしかに、右の憶良の歌にある「韓玉」のように、「から」がついた歌言葉は『万葉集』の中に「からあゐ」「からおび」「からくに」「からころも」「からたま」などいくつもある。多くは「韓」の字があてられているが、この「から」は、もともと朝鮮半島の南にあった小国「加《か》羅《ら》」に由来する語であった。「加羅」は、『日本書紀』によれば、日本と最初に交流のあった海外の国である。そのためその国名が、その折々にもっとも近しい外国を指す、一般的な語へと意味が広がっていったものと考えられる。

つまり「から」「からくに」は、「加羅」を指す語から、朝鮮半島の国々全体(特に半島統一後の新羅《しらぎ》)を指す語へ、そして八世紀となり遣唐使が再開されると、中国=唐を指す語へと拡大し転用されていった。こうして「からもの」とは中国からもたらされた、あるいはさらに遠方の別の国から中国を経由して運ばれたモノを指す言葉となっていったのであろう。

しかし、ことが複雑なのは、「はじめに」でもふれたように、モノの名に「から」がつくからといって、海彼からの舶来品とは断定できない点である。実際に外国で作られ運ばれてきた品のみならず、朝鮮半島などから日本にやってきた工人が日本で作ったものや、さらに言えば、日本の工人が日本で「外国風」に作ったものもまた、「から」をつけてよばれているからである。

たとえば『万葉集』の巻十六には竹取《たけとり》の翁《おきな》の長歌があるが、そこには舶来品らしき品々が登場している。この長歌は、竹取の翁がある丘で九人の仙女に会い、無礼をとがめられたので、釈明に詠んだものである。その中では翁が若かりし頃、「紫の大綾《おほあや》」「高麗錦《こまにしき》」「韓帯《からおび》」などで着飾り、宮女をふり返らせた姿が次のように語られている。

紫の　大綾の衣　住吉の　遠里小野《とほさとをの》の　ま榛《はり》もち　にほしし衣《きぬ》に　高麗錦　紐に縫ひ付け
刺部重部　なみ重ね着て　打麻《うちそ》やし　麻績《をみ》の子ら　あり衣の　宝の子らが　打つ栲《たへ》は　綜《へ》
て織る布　日さらしの　麻手作《あさてづく》りを（中略）　禁《いさ》め娘子《をとめ》が　ほの聞きて　我《われ》におこせし　水《み》
縹《はなだ》の　絹の帯を　引き帯なす　韓帯に取らせ（以下略）
（巻十六・三七九一）

（紫の大柄な模様の綾で、住吉の遠里小野の榛の実で染め上げた美しい衣に、高麗錦の紐を縫いつけて、刺部重部、合わせ重ね着て、麻績の者たちや宝の者たちが打った白い布は、縦糸をそろえて織る布で、日に干した手作りの麻を（中略）引き止める乙女が、小耳にはさんで、私に贈ってくれたうす縹色の絹の帯を、小帯のように韓帯に取りつけて）

ここでの「韓帯」は一見して舶来品らしくみえる。しかし、大陸伝来の様式の帯であることは確実であるが、朝鮮半島からの舶来品か、それとも中国からの舶来品なのか、あるいは朝鮮半島からの渡来人が製作した帯の意味なのか、となると、どれであるのか判別しがたい。

同じ歌に出てくる「高麗錦」も、高麗(＝高句麗《こうくり》)産の錦なのか、高句麗からの渡来人が織り上げた錦なのか、判別しがたいのである。高句麗は唐と新羅の攻撃により、天智《てんじ》天皇七年(六六八)に滅亡したが、この時の乱を逃れた高句麗国の貴族や僧侶などが多数日本にわたり、主に東国に住んだとされる。霊亀《れいき》二年(七一六)には、そのうちの千七百九十九人が武蔵《むさし》国にうつされ、新しく高麗郡《こまぐん》が設置されたというが、高麗錦はここで織られたとする説がある。

「韓衣」にも、枕詞以外に使われた例として、次のような歌がある。

韓衣　君に打ち着せ　見まく欲り　恋ひそ暮らしし　雨の降る日を　(巻十一・二六八二)
(韓衣をあなたに着せて上げて、それをみようと、雨の一日じゅう恋しく思って暮らしました)

この歌の「君」は男性であろうが、当時の舶来品の稀少性を考えれば、これは中国風に作られた朝服《ちょうふく》(朝廷に出仕する時に身につける服)と解釈した方がよさそうである。

つまり『万葉集』の「から」をめぐる表現は、韓風や唐風という外国様式のモノや、唐や新羅からの舶来品が当時の生活に浸透していたことを想像させるが、韓風や唐風という大陸伝来の「様式」を示す場合が少なからずあり、明らかに唐や新羅からの舶来品であるモノを抽出することは難しいということである。

そしてこれはじつは『万葉集』にかぎらず、「唐物」について考える際には必ずついてまわる問題である。「唐風」もふくめて「唐物」なのだということは、どの時代においても意識しておく必要がある。

正倉院の錦の逸品

それでは海外からの舶来品と確定されるものの実態を知ろうとするには、上代では何を手がかりにみていけばよいのか。やはり手っとり早いのは、正倉院などに残されていた、まがうことなき舶来品に注目することではないか。

ひとくちに正倉院の舶来品といっても種類は多岐にわたるが、『万葉集』の「からおび」「からころも」の縁で、まずは外来の錦からみていきたい。

正倉院宝物における錦を代表するものとして、ここでは琵琶袋残欠《びわぶくろざんけつ》の縹地大唐花文錦《はなだじだいからはなもんにしき》（口絵5）に注目してみたい。この錦は盛唐時代を代表する緯錦《よこにしき》（横糸で色と文様をあらわした錦）で、縹色の地に直径が五十三センチもあるような雄大な唐花をあらわしたものである。盛唐時代の唐花文錦の逸品で、緯糸を白・黄・緑・赤・紫など地色と合わせて九色も使った豪華なものであり、中国本土でもこれほど見事な錦は残っていない。

纈地大唐花文錦の袋は、正倉院の南倉《なんそう》にある琵琶四面のどれかの袋であったと推測される。当時、国産の錦は七色までなので、舶来品であることは明らかである。正倉院宝物の中の錦は、大仏開眼供養会《だいぶつかいげんくようえ》や、聖武天皇の一周忌斎会といった儀式に大量の需要があったため作られたものが多く、ほとんどは国産であったという説もあるが、その中でもこの錦のような逸品はやはり唐物中の唐物というべきであろう。

聖武天皇の遺品あれこれ

纈地大唐花文錦がそうであったか、さだかではないが、正倉院宝物の中の舶来品といえば、何といっても聖武天皇ゆかりの品々が思い浮かぶ。上代の舶来品をみていく際に、キーパーソンはやはり聖武天皇である。

正倉院宝物はよく知られるように、天平勝宝《てんぴょうしょうほう》八年（七五六）六月二十一日、光明《こうみょう》皇后が、夫聖武天皇の七七忌に、そのゆかりの品の約六百五十点と、約六十種の薬物を東大寺の盧舎那仏《るしゃなぶつ》に奉献したことにはじまる。前者の目録が『国家珍宝帳《こっかちんぽうちょう》』、後者が『種々薬帳《しゅじゅやくちょう》』である。

『国家珍宝帳』によれば、聖武ゆかりの品とは、帯・牙笏《げしゃく》（象牙で作った笏）・弓箭《きゅうせん》・刀剣・書巻・鏡・遊戯具・楽器などである。その目録の品がすべて残っているわけではないが、現存するものは正倉院の北倉《ほくそう》に収められている。以下、その中から代表的な船来品を示すと、

帯――斑犀偃鼠《はんさいえんえ》皮御帯《ひのおんおび》(現在は帯の本体はほとんど失われ、斑犀角の飾りなど、その一部が残存)

尺――紅牙《こうげ》撥鏤尺《ばちるのしゃく》・緑牙《りょくげ》撥縷尺(象牙を赤や緑に染め、その表面を彫って文様をあらわした儀式用の物差し、口絵2)

刀剣――金銀鈿荘唐大刀《きんぎんでんそうのからたち》(儀式用の太刀、図1―2)

鏡――平螺鈿背円鏡《へいらでんはいのえんきょう》(鏡の背に螺鈿で華麗な文様をあらわした鏡、口絵4)

平螺鈿背八角鏡《はいのはっかくきょう》

平螺鈿花鳥《かちょう》背八角鏡

遊戯具――木画《もくが》紫檀棊局《したんのききょく》(木画の技法で細密に装飾した碁盤、本章扉)

図1-2 金銀鈿荘唐大刀(正倉院蔵)

木画紫檀双六局《すごろくきょく》（木画の技法で細密に装飾した双六）
楽器——螺鈿紫檀五絃琵琶《らでんしたんのごげんびわ》（インドに起源を持つ五絃琵琶）
螺鈿紫檀琵琶（古代ペルシャに起源を持つ四絃琵琶）
螺鈿紫檀阮咸《げんかん》（竹林の七賢人の一人、阮咸が好んだことから名づけられた円盤型の胴を持つ琵琶）

などが名高い。また聖武天皇が愛用した唐太刀で、行方不明となっていた「陽寳劔《ようほうけん》」「陰寳劔《いんほうけん》」が、東大寺の大仏の真下に埋められていたことが二〇一〇年十月に判明し、ニュースとなったことは記憶に新しい。

ここでは、その中から装飾の美しさでも正倉院の楽器の一、二を争う螺鈿紫檀五絃琵琶（口絵1）に注目してみたい。この五絃琵琶は、南インド産の紫檀に、玳瑁《たいまい》（べっこう）や夜光貝《やこうがい》の螺鈿細工をほどこしたもので、インドから中央アジアの亀茲《きじ》国経由で唐へ入り、日本にもたらされたとされる。

撥《ばち》受けの部分には駱駝《らくだ》に乗って琵琶をかなでるペルシャ人の姿を、裏面には宝相華文《ほうそうげもん》とよばれる花文様と綬帯《じゅたい》（組みひもの帯）をくわえた瑞鳥を、螺鈿を使って精緻にあらわした華麗な楽器である。しかも、日本はおろか世界に残る唯一の古代の五絃琵琶で、その意味でもきわめて稀少性の高い楽器である。なお五絃琵琶の遺品がほかに見当たらないのは、音域が四絃琵琶よりも狭く、演奏法も難しかったことによるという。

遣唐使・吉備真備がもたらしたもの

さて、この五絃琵琶はどのようにして聖武天皇の許にもたらされたのであろうか。『国家珍宝帳』は明らかにしないが、遣唐使であった吉備真備《きびのまきび》が伝えたものという説があるので、紹介しておきたい。

吉備真備は、吉備地方の豪族の出身で下級武官であった父を持ち、霊亀三年（七一七）、遣唐使の一員として入唐した。遣唐留学生として唐に十七年もとどまり、多方面の学問をまなび、また唐の文物の収集に努めている。その学識により唐でも名を残し、唐で高官に登ったものの日本への帰国をはたせなかった阿倍仲麻呂《あべのなかまろ》と、並び称されるほどであった。そして天平七年（七三五）、天平の遣唐使とともに平城京《へいじょうきょう》にもどり、収集した大量の文物を朝廷に献上した。そのリストは『続日本紀』によれば、以下の通りである。

唐礼《とうれい》（唐の時代の典礼書）百三十巻、太衍暦経《たいえんれききょう》（最新の暦書）・太衍暦立成《りっせい》（太衍暦経の注釈書）十二巻、楽書要録《がくしょようろく》（則天武后《そくてんぶこう》の撰によるとされる音楽書）十巻、測影鉄尺《かげをはかるくろがねのしゃく》（測量の器具）、銅《どう》律管《りっかん》（調律用の銅製の笛）、鉄如方響写律管声《くろがねのごときほうきょうりつかんのこえをうつすもの》（笛のような音を出す鉄製の方響という楽器）、馬上飲水漆角弓《うまのうえにみずをのむうるしつのゆみ》（漆塗りの弓）、射甲箭《よろいをいるや》（鎧を射る矢）

十七年の歳月をかけたとはいえ、一留学生の吉備真備がこれだけのものを収集したとは信じがたいが、このリストはその一部で、さらにほかにも唐の文物を持ちかえったらしい。その財源は日本から支給されたものばかりでなく、在唐中に皇帝からあたえられた回賜品さえも売って資金に充てたという。

吉備真備により唐の最新の典礼書や暦が伝えられたという文化史的な意義は大きい。さらにこの時、『楽書要録』といった礼楽にかかわる音楽書や、銅律管といった調律用の笛と合わせて、この螺鈿紫檀五絃琵琶がもたらされたという説があるのである。その証左となるのは『続日本紀』の記録で、吉備真備がこれらの品々を献上した数日後に、遣唐使と一緒に来日した唐人たちが、五月五日の「騎射《うまゆみ》」の儀式で唐国・新羅の楽を奏したという。そこには袁晋卿《えんしんけい》、皇《こう》甫東朝《ほとうちょう》、皇甫昇女《こうほしょうじょ》といった人々の名も残っている。つまり、これらの人々が唐国・新羅の楽を奏する際に、五絃琵琶が使われたというのである。

また、この時期には、他にも唐僧の道璿《どうせん》、善意《ぜんい》、天竺《てんじく》の波羅門《ばらもん》僧の菩提僊那《ぼだいせんな》や波斯《はし》人の李密《りみつ》翳《えい》、林邑《りんゆう》僧の仏哲《ぶってつ》などが多く来日している。遣唐使の帰国とともに、これほど多くの外国人が一度に渡来してきた例はなく、平城京が国際都市として、もっとも輝いた時代であった。五絃琵琶については、吉備真備でなくとも、これらの異国人のいずれかがもたらした可能性もあると考える。

聖武天皇の舶来趣味

それにしても聖武天皇の遺品に、そもそもなぜ舶来品が多いのか。それは聖武天皇が遣新羅使や遣唐使を派遣し、積極的に唐の文物や制度を採用した国際派の天皇であったからである。しかも、彼は舶来趣味の人物であった。

その象徴的な場として挙げられるのが、難波宮《なにわのみや》である。聖武天皇は即位の翌年、神亀《じんき》二年(七二五)十月と翌年十月に難波に行幸し、この辺から難波宮の整備に着手している。当時の難波は異国への架け橋となる場所であり、シルクロードの終点であった。また新羅使など異国の使者や、遣唐使・遣新羅使の出発・到着の地でもあった。唐や新羅との外交関係を重視する聖武天皇にとって、格別の意味を持った場所であり、ぜひとも立派な迎賓館が造営される必要があると考えたのであろう。

そもそも難波宮は孝徳《こうとく》天皇の時代に造営されたが、その後は放置され、天武《てんむ》朝に再建されたが、朱鳥《しゅちょう》元年(六八六)には全焼してしまう。天武朝を理想とする聖武天皇は、藤原宇合《うまかい》を工事責任者として、難波宮の大がかりな整備を進めて、平城京の副都のような機能を持たせようとした。その工事は、天平四年(七三二)三月をもって一区切りがついたようである。

同じ年の正月、聖武天皇は天皇としてはじめて中国の皇帝がかぶる冕冠《べんかん》を着用し、正月の朝《ちょう》賀《が》をおこなっている(図1―3)。この年は在位して九年目、満を持して遣唐使を任命した記念すべき年でもあった。

天平十年(七三八)七月、聖武天皇は相撲をみた後に、宮殿の前の梅樹を指して、吉備真備ら文人の三十人に「春の意を賦《ふ》して、この梅樹を詠むべし」と命じた。梅は中国渡来の植物で、大伴旅人《おおとものたびと》をはじめ当時の知識人たちに愛好されたが、七月という時期にあえて春の気持ちになって梅の漢詩を詠ませようというのは、聖武天皇の梅への愛玩の深さ、ひいては中国趣味を象徴するエピソードである。

図 1-3　冕服を着た「聖武天皇肖像画」(東大寺蔵，小泉淳作画，2006 年)

聖武天皇が崩御したのは、天平勝宝八年(七五六)五月のことであるが、晩年、難波宮に何度も足を運び、病もかえりみず死の直前の二月から四月にかけて滞在している。つねに海彼に目を向けた国際派の聖武天皇にふさわしい遠出の場所だったといえるであろう。

聖武朝の国際関係

ここで聖武朝の国際関係について、少し詳しくみておきたい。聖武天皇が即位したのは、神亀元年(七二四)二月だが、早速、半年後の八月に朝貢(来朝して貢物《みつぎもの》を奉ること)を求める遣新羅使を派遣している。翌々年、新羅使がやってくるが、新羅からの朝貢をいかに保つかが、聖武朝の焦眉の課題であったことをうかがわせる。唐に対してはこちらから朝貢した日本も、新羅に対しては逆に日本への従属の関係を求めたのである。

つづいて神亀四年(七二七)九月には、渤海《ぼっかい》国の使節がはじめて日本にやってくる。渤海国は中国の東北部、朝鮮半島よりさらに北の旧満州国の辺りにあって、新羅によって滅ぼされた高句麗の遺民《いみん》により建国された国である(図1―4)。使節は出羽《でわ》国に到着したものの、大使ら十六名は殺害され、八人が生存して、その年末に平城京に迎えられた。

入京した使節は翌年の正月に、渤海郡王の大武芸《だいぶげい》の啓書《けいしょ》(国書)を聖武天皇に差し出した。その際、啓書には、高句麗の再興をめざした王権であることと、日本と隣好の交流をもとめるとあり、あわせて貂皮《ちょうひ》三百張を献上している。貂皮は当時、最高級とされた黒テンの毛皮である。

隣国の新羅と緊張関係にあった渤海は、日本との外交を積極的に展開することで、国家を維持しようとし、日本に対しても、高句麗の末裔として「高麗」を名乗ったのである。聖武天皇は、渤海が朝貢を求めたものとみなして、これを歓迎した。生き残った使節に引田虫麻呂《ひけたのむしまろ》をつけて本国に送り届けるとともに、大武芸に友好を約束したのである。翌年の神亀五年(七二八)九月に虫麻呂は帰国し、大武芸からの貢納品を聖武天皇にもたらした。

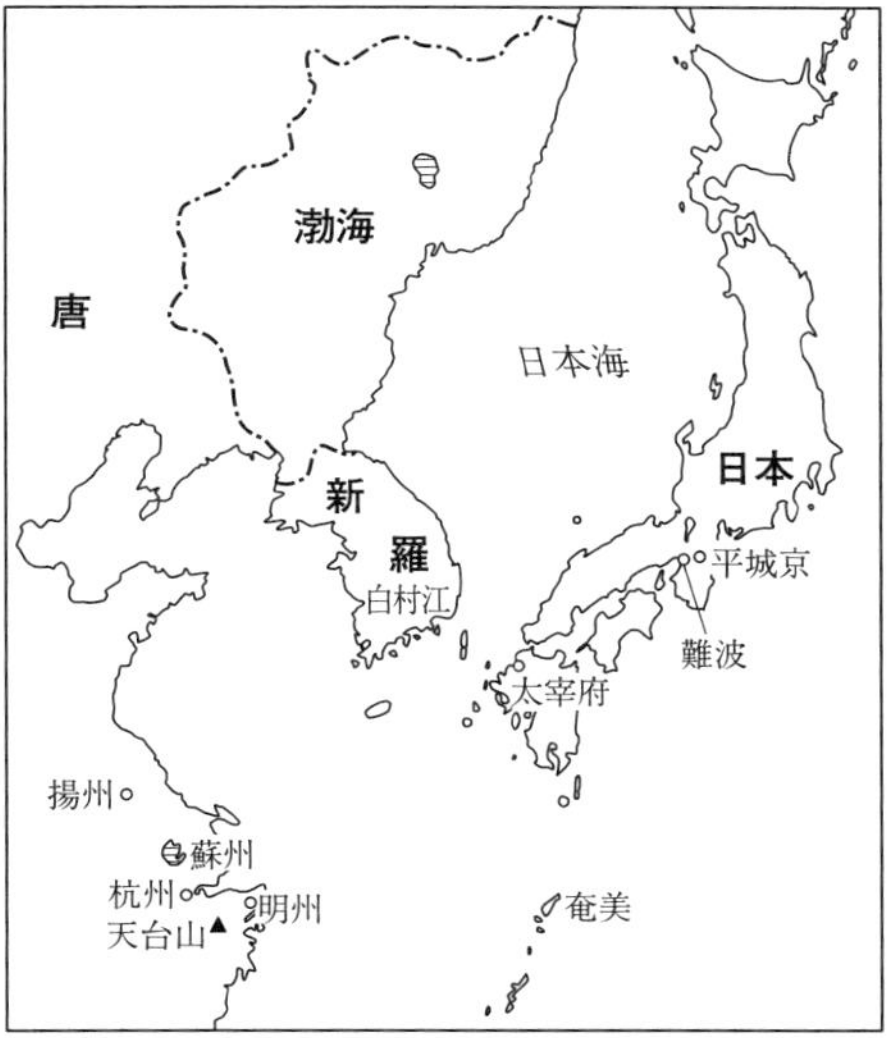

図 1-4　8 世紀の東アジアの地図

こうした国際関係の変化に応じるかのように、聖武天皇は天平時代に入ってから難波宮の整備にさらに力を入れている。天平四年(七三二)正月、彼がはじめて中国風の冕冠を着用した、その同じ月に遣新羅使を任命し、また新羅使が来朝している。五月にはその四十名が入京し、鸚鵡《おうむ》・鴝鵒《くこく》(谷鳥)などの珍鳥、驢《うさぎうま》(ろば)・騾《つかれうま》(らば)など珍獣を献上したのである。そして新羅側が来朝の時期について伺いを立てたので、詔《みことのり》により三年に一度の間隔と定めている。同じ天平四年の八月には遣唐使が任命され、翌年の四月に出航する。この年は、聖武天皇が東夷《とうい》の小帝国の王として国際関係に積極的な姿勢をとった年といえるのかもしれない。

しかし唐との関係も安定した新羅は、その後、日本に対して朝貢ではなく、対等な関係を求めるようになる。日本の朝廷はそれを許さず、三年後の天平七年(七三五)二月にやってきた新羅使に対しては、新羅が無断で「王城国」と国号を変えたことから、使者を本国に追い返してしまう。そして三月に天平の遣唐使が平城京にもどり、四月に吉備真備が大量の文物を献上したことは、先に述べた通りである。

その後、天平八年(七三六)には遣新羅使が新羅に受け入れられず、帰国するという事件が起こり、朝廷では新羅に出兵し征伐せよといった強硬意見も出るほどであった。その余波か、同十年(七三八)と十四年(七四二)に来朝した新羅使も入京させずに追い返してしまう。さらに天平十五年(七四三)に来朝した新羅使は、朝貢品の証である「調《ちょう》」という名の献上品を「土毛《どもう》」と改めたため、朝廷は新羅使を帰国させ、以後十年にわたり新羅との国交は断絶する。同十一年(七三九)に二度目の来朝があった渤海国との関係は友好的であったのと対照的である。

新羅使がもたらした舶来品

新羅との関係が一時、融和するのは、聖武天皇が大仏を造営し、開眼供養会を盛大にもよおした天平勝宝四年(七五二)のことであった。一月に、じつに十二年ぶりに遣新羅大使を任命したのである。開眼供養会に新羅王の参列をうながし、また大仏に塗金する金が不足していたため、その輸入を要請したものと推測される。

その結果、閏《うるう》三月に新羅王子の金泰廉《きんたいれん》ら七百余名の新羅人が筑紫《つくし》に到着した。しかし朝廷は六月にいたるまで一行を大宰府《だざいふ》にとどめ置いて、なぜか開眼会への参列は許さなかった。新羅王の来日を要求し、これが拒否されたための処置と考えられる。

ともあれ、六月半ばにようやく新羅の使節の約半数が入京し、孝謙《こうけん》天皇に謁見した。その際、新羅は長年、日本とは朝貢の関係にあり、新羅王みずから朝貢品を奉るべきところ、それもできないので王子を派遣したという旨の下手に出た上表文を差し出して、朝廷をいたく喜ばせた。この使節は香料・薬物・顔料・染料・金・調度など大量の舶来品を携えて入京している。新羅側の真意は日本との国交の回復であり、また交易の利を優先させたという点で、上表文はまさに外交辞令にほかならなかった。

正倉院宝物の中には、毛氈《もうせん》とよばれるフェルトの敷物(法会用の座具)が約五十あるが、そのうちの二つに麻布がついており、そこに書かれた内容から、この時の新羅使がもたらした品であることがわかっている。それぞれの麻布には、この毛氈の売り主である新羅貴族の名や官位、交換を希望する品目（絹糸か真綿）、実際に交換した品（真綿）などが記され、交易の実態がうかがわれるのである。

一方、正倉院宝物でかの有名な「鳥毛立女《とりげりゅうじょ》屛風」の下貼（裏打ち）の紙には、「買新羅物解《ばいしらぎもののげ》」とよばれる文書が使われていた。「買新羅物解」とは、今回の新羅使の来日に際して、朝廷が五位以上の貴族に対して、どういった舶来品を購入したいかを申請させた文書である。文書には求める輸入品と、貴族が代価として支払う絹製品の種類、分量および提出の月日、提出者名がそれぞれ記されている。新羅の文物は、この文書にもとづき五位以上の貴族に再分配されたのであり、そのことは朝廷の権威を高め、君臣の関係を強化するという効果もあった。

もっとも新羅からの外来品といっても、「買新羅物解」には新羅の特産品である金や人参や松の実、あるいは佐波利《さはり》とよばれる銅・錫・鉛の合金でできた食器類のほか、新羅では産出しない南方（東南アジア・インド）の香・薬・顔料がふくまれており、その需要も大きかったことがうかがわれる。

香料は具体的には、麝香・沈香・薫陸香《くんろくこう》・丁香《ちょうこう》（丁子）・甘松香《かんしょうこう》・龍脳香《りゅうのうこう》・安息香《あんそくこう》、薬物では可梨勒《かりろく》や桂心《けいしん》・甘草《かんぞう》、顔料である朱沙《すさ》・同黄《どうおう》・烟子《えんし》（臙脂《えんじ》）・金青《こんじょう》、染料としては人気のあった蘇芳《すおう》などである。新羅でも産出しない香料のリストは、新羅が中継貿易を盛んにおこない、利益を上げていた様子をうかがわせる。

そのほかの舶来品としては、調度品の鏡・香炉などがあり、使節が多種多彩な文物を持ちこんだことが判明する。こうした文物は、毛氈にかぎらず、佐波利の食器や調度品、香料・薬物など正倉院に伝来したものも少なくない。正倉院宝物の舶来品といえば、ややもすれば唐との関係だけがとり沙汰されるが、新羅物、あるいは新羅を経由した品々の存在も重いというべきであろう。

鑑真の来朝

天平勝宝四年(七五二)に新羅から大量の舶来品がもたらされた経緯をみてきたが、とはいえ、当時の舶来品のメインはやはり唐からの品々である。その後、舶来品がもたらされた契機として、同じ年に派遣され、翌年に帰国した遣唐使の存在を忘れることはできない。

大仏開眼供養会が華々しく催された、その直前に、藤原清河《きよかわ》・大伴古麻呂《こまろ》らの遣唐使が出航しているのである。この遣唐使が何を目的としたかについては、大仏に鋳金するには、陸奥《むつ》から出た黄金では足らず、金を唐に求めたという説もあるが、どうだろうか。遣唐使の品物購入の財源として、吉備真備ら遣唐使が砂金をもちいていたところを見ると、国内でまったく金が足りなかったとは思えない。また先に述べたように、来日した新羅王子が金をもたらしているところをみると、当時の日本は新羅にこそ金の輸入を求めていたのではないか。天平勝宝の遣唐使が鑑真和上《がんじんわじょう》を連れかえった点からすれば、大仏造営を唐に報告し、あわせて授戒《じゅかい》ができる僧を日本に招き寄せるというのが、やはり主たる目的であったのであろう。

その発端は、天平十四年(七四二)にさかのぼる。天平の遣唐僧として唐にわたっていた栄叡《ようえい》と普照《ふしょう》は、正式に戒を授けることができる僧を招くという任務を受けて、唐僧の道璿《どうせん》らを帰国する遣唐使船に乗せ、日本に招聘することに成功した。しかし授戒に必要な高僧の数は足りず、二人は唐にとどまり、天平十四年に鑑真と揚州《ようしゅう》の大明寺《だいめいじ》で出会ったのである。

二人の要請に応えるため、鑑真が十年もの間に五度も日本への渡航を企てたが失敗し、失明したことは周知の話であろう。六度目にして、遣唐使の第二船に乗って成功し、天平勝宝五年(七五三)に来日したが、その苦難の経緯は『唐大和上東征伝《とうだいわじょうとうせいでん》』に伝えられている。しかも『唐大和上東征伝』には日本に招来しようとした品々の記録が、第二回目(天平十五年)と第六回目にかぎって残されており、注目されるのである。

二回目の渡航の時に準備した品は大がかりなもので、食料のほか、経巻、仏像、仏具、調度、香料や薬などがあった。仏典や仏具が重視されたことはいうまでもないが、香薬について少し詳しくみておきたい。香薬は後の時代でも重要な舶来品でありつづけたからである。

日本に香が伝わったのは、仏教伝来とともに、儀式用に香料が伝えられたとするのが一般的である。香料にまつわるもっとも古い記録としては、『日本書紀』の推古《すいこ》天皇三年(五九五)の条に、淡路島に「沈水《じんすい》」(沈香、比重が重く水に沈むのでこうよばれる)が漂着したとあるのが初見である。島人が香木と知らずに、薪と一緒に燃やしたところ、その煙が遠くまで薫ったので、不思議なことに思い、沈水を朝廷に献上したという。

正倉院宝物でも、沈香、麝香、白檀《びゃくだん》、丁香、木香、桂心、薫陸、胡同律《ことうりつ》、香附子《こうぶし》、甘松香といった香料が現在残っており、『国家珍宝帳』には全浅香《ぜんせんこう》、『種々薬帳』では麝香・桂心などを確認することができる。昭和の『正倉院御物棚別目録』でも、黄熟香《おうじゅくこう》、全浅香、沈香、麝香、丁子香、薫陸香、裛衣香《えいこう》(匂い袋の原型)の名などがみえる。この黄熟香は後世には「蘭奢待《らんじゃたい》」(口絵3)と銘がつき、足利義政をはじめ、織田信長、徳川家康など時の権力者たちが切りとったことでも名高い。

一方、法隆寺《ほうりゅうじ》の『伽藍縁起幷流記資財帳《がらんえんぎならびにるきしざいちょう》』(七四七)の記録にも、「白檀、沈水香、浅香《せんこう》、丁子香、安息香、薫陸香、甘松香、楓香《ふうこう》、蘇合香《そごうこう》、青木香《しょうもくこう》」などが出ており、これらは鑑真が二回目の渡航の時に準備した香料と重なるものが多い。鑑真が準備したのは、「麝香・沈香・甲香・甘松香・龍脳香・膽唐香《たんとうこう》・安息香・桟香・零陵香・青木香・薫陸香」などであった。そして、これほど種類も量も多い香料を日本にもたらそうとしたことが、ひとつの伝説を生むことにもなった。すなわち、平安時代に流行した薫物《たきもの》の日本での創始者は鑑真であるという伝説である。

薫物の製法が最初、中国からもたらされたことは疑いもなく、『後漢書《ごかんじょ》』の作者である范曄《はんよう》(三九八〜四四五)の著述の中には、現存はしないが『和香方』という合香の専門書があったとされ、それ以降、隋や唐の時代にも香書は少なからずあったとされる。特に七世紀の唐代では、煉香《れんこう》といって、日本の薫物の元祖となるような練り香が流行していたという。

鑑真が日本における薫物の始祖であるのか、真偽は定めがたいが、少なくともこれほど多種多量の香薬を日本にもたらそうとしたことは、当時の仏教儀礼や医学上の需要をうかがわせて、貴重な記録といえる。この時代、香は仏教行事で供香《そなえこう》として用いられていたので、その需要があったのである。

もとより、鑑真はこの第二回目の渡航にも失敗し、その招来品も海の藻くずと消え去ったわけだが、その折のリストは鑑真の準備品の基準であり、実際に来日をはたした第六回目の招来品リストに香薬がなくとも、同様なものがもたらされたのではないか、とする東野《とうの》治之氏の説がある。聖武天皇の母宮子皇太后が病気になった時も、医学・薬学の心得のあった鑑真が奉った薬に効き目があったと『続日本紀』にあるので、少なくとも香薬の一部はもたらされたのであろう。また病の床にあった聖武天皇の傍らで法栄とともに看病に当たり、その功績により聖武の没後、「大僧都《だいそうず》」(僧綱《そうごう》の一で、僧都の最上位)に任じられたともいう。

平安時代の医学書である『医心方《いしんほう》』にも鑑真の処方が医術に二つ、薬物に二つ伝えられ、鑑真が医療に優れていたことがうかがわれる。正倉院に献納した薬物の目録、『種々薬帳』の成立にも鑑真が関わったという説さえあるのである。

王羲之父子の書跡

一方、第六回目の招来品のリストにあるのは、仏像や経典の数々、そして「玉環水晶の手幡《てはた》、西国瑠璃瓶《さいごくるりへい》、菩提子《ぼだいし》の念珠《ねんじゅ》、青蓮華《しょうれんげ》(はすの一種)、玳瑁の畳子《じょうず》、天竺《てんじく》の草履《ぞうり》、王羲之《おうぎし》の真蹟行《しんせきぎょう》書一帖《しょいちじょう》、王献之《おうけんし》の真蹟行書三帖、天竺朱和等の雑体《ざったい》書、水晶手幡」であり、これらは『東征伝』によると朝廷に献上されたという。それがそのまま内裏《だいり》に留めおかれて、光明皇后による東大寺への献納品となったとしてもおかしくはない。

特に第六回目の招来品で注目されるのは、「王羲之の真蹟行書一帖、王献之の真蹟行書三帖」である。王羲之はいうまでもなく「書聖」とよばれる名筆家で、その真筆は中国でもなかなか手に入るものではなかった。鑑真は唐では高官に接する機会もあり、授戒をした時の御礼に、王羲之親子の真筆を贈られる機会もあったであろう。しかし王羲之はその生存当時から模写が作られ、現在、真筆といわれるものも、すべて模写や拓本という説もある。鑑真の所持品が真筆とすれば、唐にあってもきわめて稀少な品である。

なお光明皇后が東大寺大仏に後から献納した目録に、天平宝字二年(七五八)六月の「大小王真跡帳」があり、それによれば、「大小王真跡書」とよばれる王羲之と王献之親子の書一巻が収められたことになる。それは後に嵯峨天皇に買い上げられて、現存してはいないが、この鑑真の招来品を巻物仕立てにしたものという説がある。

「大小王真跡書」は、表に王羲之の書が九行七十七文字、裏に子の王献之の書が十行九十九字書かれており、両端は青褐色の紙で、軸は水晶であったという。「大小王真跡帳」によれば、この書は歴代にわたって伝わり、聖武天皇が愛玩したとある。歴代にわたって伝わったというのが、聖武朝以前の天皇家に伝えられたということであれば、「大小王真跡書」と鑑真の招来品に直接の関連はないことになるが、鑑真が入手するまで真筆が失われずに世に長く伝えられてきたという意味だとすれば、同一の品の可能性もある。

当時の日本でいかに王羲之親子の書体が尊ばれていたか、鑑真は知悉していたからこそ、内裏に献上したのであろう。それが「大小王真跡書」となったのか、はたまた別に保存されたのかはわからないが、いずれにしても「大小王真跡書」と並ぶ貴重な書であったことは疑いもないのである。王羲之親子の書は手本となって、聖武天皇の自筆で『雑集《ざっしゅう》』という、中国の詩集から仏教に関する詩文を抜き出した書の書体にも影響をあたえている。仏教の面だけでなく、鑑真の招来品は当時の書道文化にも深く寄与したのである。

また鑑真は当初、東大寺の中に住まいをあたえられていたので、献上品以外でも鑑真の身の回りの品が東大寺に残され、正倉院の中倉や南倉に残った可能性も十分にある。正倉院宝物では、黒柿蘇芳染金銀山水絵箱《くろがきすおうそめきんぎんさんすいえのはこ》（図1—5）、漆彩絵花形皿《うるしさいえのはながたさら》（南倉）、黒柿蘇芳染金絵長花形几《きんのえちょうはながたき》（中倉）と刻彫梧桐金銀絵花形合子《こくちょうごとうきんぎんえのはながたごうす》（南倉）などが、鑑真がもたらした品、あるいは鑑真とともに来日した弟子たち（二十四人）が日本で製作した品とされる。

『唐大和上東征伝』によると、第二回目の渡航の失敗の時には、一行に玉作人・画師・彫刻家・刺繡工・石碑工など工人もふくまれていた。第六回目の渡航の際、そうした人々がいたかどうかは不明だが、鑑真は在唐時代から行く先で寺を建てたり塔の修繕をするなど、みずからも造寺、造仏などの技術的知識と経験を有しており、来日した弟子たちの中にも、工芸に秀でて仏具を製作する技術を持った者がいてもおかしくはない。鑑真は、海彼の文物ばかりでなく、文物を生み出す技術や知識までも日本への移入を試みて、医学・薬学、書道、建築、工芸など諸方面で大きく貢献したといえるだろう。

図 1-5　黒柿蘇芳染金銀山水絵箱（正倉院蔵）

異国文化受容の糧として

ここまで追ってきたことからわかるように、唐・新羅からの舶来品はともに、まずは天皇を中心とした王権に吸収され、そこから臣下へ再分配されるという構造をとっていた。そこでは、派遣された遣唐使・遣新羅使・遣渤海使の帰国、また遣唐使とともに来日した鑑真のような人々、あるいは来朝する新羅使・渤海使による朝貢を建前とする国家間の舶来品のやりとりが中心であった。

新羅使・渤海使の一部に交易の利を求めた商人が混じっていたにせよ、表向きはあくまで使節の一員としての来日であった。そして賓礼とよばれる外国使節の応接儀礼の一環に、舶来品をめぐる交易があったことになる。上代の舶来品は朝廷がつねに管理し、統制下におこうとした貴重なモノであり、正倉院の北倉にある宝物とは、まさにそのような品々なのである。

この時代に海彼からもたらされた舶来品には、奢侈《しゃし》品(ブランド品)や威信財(ステイタス・シンボル)というべき珍奇な品ばかりでなく、書籍や仏典をはじめ、まさに文物とよぶべき異国文化摂取の糧となるものが多いのも特徴である。そこには、輸入された文物を媒介に異国の文化を巧みにとり入れるという日本文化の特質もすでにあらわれているのである。

第二章

百花繚乱，
貴族があこがれた「異国」

―「国風文化」の実像―

青磁花文椀（福岡市埋蔵文化財センター蔵）
越州窯．秘色とよばれた青磁

嵯峨天皇という人

平安時代に入って、唐物や対外関係について語る際に、最初のキーパーソンとなるのは嵯峨天皇である。まずは嵯峨天皇という人物と嵯峨朝という時代について、少々ふり返っておこう。

嵯峨天皇は、桓武《かんむ》天皇と皇后藤原乙牟漏《おとむろ》との間に生まれ、大同元年(八〇六)に同母兄である平城天皇の皇太弟に立てられた。やがて平城天皇の病気による譲位を受けて、同四年(八〇九)に即位する。ところが翌年、平城上皇が復位をもくろんだことから対立し、兵を発して平城上皇方を制圧した(いわゆる「薬子《くすこ》の変」)。嵯峨朝の始発はきわめて不安定な政情であったといわざるをえない。

しかしその後、嵯峨天皇は積極的に政策を推し進めていく。朝廷の儀式を整備して、年中行事の次第を定めた「内裏式《だいりしき》」をまとめ、文化面では内宴《ないえん》(正月二十日の頃、宮中の仁寿殿《じじゅうでん》でおこなわれた詩文の宴)、朝覲行幸《ちょうきんぎょうこう》(天皇の父母の御所への行幸)などの優雅な年中行事を創始している。和歌よりも漢詩を好み、みずからの作も多く収めた勅撰《ちょくせん》漢詩集の『経国集《けいこくしゅう》』『凌雲集《りょううんしゅう》』『文華秀麗集《ぶんかしゅうれいしゅう》』などを次々に編纂し、文人たちを積極的に登用した。

反面、唐に倣った文化国家を目指しながら、遣唐使を派遣することはついになかった。いわば唐かぶれだった嵯峨天皇が、なぜ遣唐使を派遣しなかったのか、不思議に思われるが、遣唐使のような国家プロジェクトを派遣する経済的余裕がなかったことと、当時の唐の情勢そのものも大きな理由であったろう。

嵯峨天皇の在位の前の遣唐使といえば、父桓武天皇による延暦年間の遣唐使(八〇三～八〇六)となる。延暦の遣唐使派遣の目的はおそらく、それまで天武系皇統がおこなっていた遣唐使派遣の伝統を踏襲することで、桓武天皇が国際社会の中でみずからの位置を確認するところにあった。なぜなら桓武天皇は、奈良時代の主流といってよい天武系の皇統に対して、天智系の皇統であるという引け目と、母の出自が低いという、二重のコンプレックスをかかえていたからである。

ところが、延暦の遣唐使の帰朝報告には唐の国情悪化もふくまれ、その後の遣唐使計画に影を落としてしまう。また国内においても、『日本後紀』によれば、弘仁《こうにん》八年(八一七)より七年連続で農業生産が干害などの被害を受けて、嵯峨朝の財政難は深刻であった。さらに延暦の遣唐使船が難破を重ねた苦労を知っていた嵯峨天皇は、有能な官人たちを多く失う派遣の危険性も熟知していたに違いない。そもそも遣唐使派遣はおよそ二十年に一回という不文律の慣例もあって、それを破ってまで派遣する機会がなかったのであろう。

しかし諸事情から遣唐使を派遣しなかった代わりに、嵯峨天皇は帰国した延暦の遣唐使や遣唐留学僧を重用し、国政や文化面での改革を推進した。たとえば遣唐判官であった菅原清公《きよきみ》の進言により、儀式や服制、宮殿やその諸門の名を唐風に改めている。延暦の遣唐留学僧であった最澄《さいちょう》と空海《くうかい》、特に空海を帰朝後に重用したのも周知のことであろう。嵯峨天皇は、その点では父桓武天皇の遺唐使派遣の遺産を十二分に活用したともいえるのである。

「茶」の伝来

嵯峨天皇は、最澄や空海など帰国した留学僧との関わりから、「茶」の文化にも深く寄与することになった。

日本への茶の伝来は、延暦二十四年（八〇五）、唐より帰国した最澄が茶の種子を持ちかえり、比叡山《ひえいざん》山麓の坂本に植えたことにはじまるという。当時、喫茶の習慣は、まさに唐風の新しい文化だった。『文華秀麗集』には、最澄の献じた詩に嵯峨天皇が応えた「羽客《うきゃく》講席に親しみ山精茶杯《さんせいちゃはい》を供ふ」（羽のはえた仙人は講義をする席に親しみ、山の神は最澄に茶の入った杯をささげる）という句がみえる。空海も在唐中に求めた典籍を嵯峨天皇に献じた際、その奉納表の中で、「茶湯坐来《ちゃとうざらい》、乍《たちま》ち震旦《しんたん》の書を閲す」（茶湯を喫する時は、折にふれ中国の書を鑑賞する）と記している。『凌雲集』にも、喫茶に関わる嵯峨天皇の詩が残されている。弘仁五年（八一四）に藤原冬嗣《ふゆつぐ》の閑院《かんいん》を訪ねた折に、「詩を吟じて香茗《こうめい》（茶）を擣《つ》くを厭はず」（詩を吟じながら茶を臼でひくことを厭わない)と詠み、同じ年の八月に皇太弟の淳和《じゅんな》天皇の池亭《ちてい》を訪ねた際にも、「院裡《ゐんり》に茶煙《ちやえん》満つ」(邸内に茶を煎じる煙が満ちている)と詠んでいる。

さらに名高いのが、延暦の遣唐使とともに帰国した留学僧の永忠《えいちゅう》が、嵯峨天皇に茶を献じたエピソードである。嵯峨天皇は弘仁六年(八一五)四月に近江《おうみ》の韓崎《からさき》に行幸し、その途中、梵釈《ぼんしゃく》寺を通った際、大僧都の永忠は門外でみずから煎じた茶を献じたという(『日本後紀』)。在唐が三十年にもおよんだ永忠は、茶の煎じ方がひときわ上手だったに違いない。その結果、嵯峨天皇は同年の六月三日に、畿内と近江・丹波《たんば》の諸国に茶を植えて、毎年、献上するように命じた。同じ頃、宮中でも、大内裏の東北、主殿寮《とのもりのつかさ》の東に茶を植えて茶園となした。そして、そこから採れた茶葉により内蔵寮《うちのくらのつかさ》の薬殿において製茶がなされたという。嵯峨朝にあって喫茶は流行の文化となり、晴《ハレ》の儀式の場でも供されるようになった。

その伝統は後の時代、春に催される季《き》の御読経《みどきょう》(国家安泰を願って大般若経を転読する仏教行事)の二日目に、「引茶《いんちゃ》」が僧にふるまわれる伝統として残った。引茶とは、僧の疲れを癒すために、甘葛煎《あまずらせん》・厚朴《ほお》・生姜などを加えた茶である。菅原道真も左遷された大宰府で茶を飲んだとされる。しかしその後、唐風の喫茶の習慣が宮廷貴族の間で広まり定着したという確証はなく、僧や文人など限定された層で継承されていったものと推測される。

図 2-1　「**喪乱帖**」(宮内庁三の丸尚蔵館蔵)

王者を彩る文物

嵯峨天皇については、なお語るべきことは多いが、前章からの関わりでいえば、唐物中の唐物というべき正倉院宝物を、書・楽器・屏風などさまざまに借り出し(出《しゅつ》蔵《ぞう》という)、買い上げた天皇であることで異彩を放っている。

まず書からみていくと、弘仁十一年(八二〇)十月、前章でもふれた「大小王真跡帳」とよばれる王羲之と王献之親子の書巻と、「真草書二拾巻」とよばれる王羲之の書法二十巻を出蔵させ、百五十貫文(旧銭)で買い上げている。後者の一部で現存のものには、「孔侍中帖《こうじちゅうじょう》」(前田育徳会蔵)と「喪乱帖《そうらんじょう》」(図2―1)がある。

嵯峨天皇は、空海・橘逸勢《はやなり》と並んで三筆《さんぴつ》と称される能書家であり、書聖王羲之とその子の王献之の書跡には深い関心を寄せていた。空海も唐の書跡の名品である欧陽《おうよう》詢《じゅん》の真跡一巻や、王羲之の「諸舎帖《しょしゃのじょう》」一巻などを天皇に献じている（『性霊《しょうりょう》集』弘仁二年八月）。正倉院宝物の書の買い上げが意味するところは、嵯峨天皇の王羲之へのあこがれであり、彼はそれを研究対象ともしたのであろう。書の文化的権威たらんとした嵯峨天皇の意欲をうかがわせるものである。

現存する嵯峨天皇の書跡のうち、真筆であるのが明らかなのは、「光定戒牒《こうじょうかいちょう》」（延暦寺蔵）であり、最澄の弟子の光定が延暦寺の一乗止観院《いちじょうしかんいん》で菩薩戒《ぼさつかい》を受けた時に嵯峨天皇より下付されたものである。楷書のみならず行書・草書を交えた荘重な書風で、帝王らしい品格を伝えている。嵯峨天皇は正倉院宝物を文化的に活用し、のちに「弘仁文化」とよばれる達成を成し遂げたのである。

次に楽器の借り出しであるが、弘仁五年（八一四）十月に漆琴《しっきん》と銀平文琴《ぎんひょうもんきん》が出蔵されている。

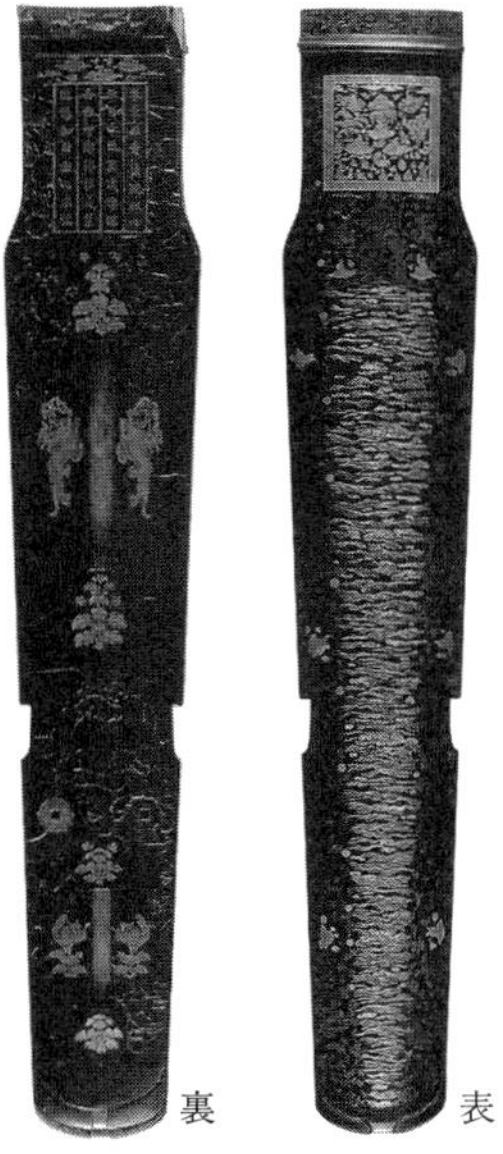

図 2-2　金銀平文琴（正倉院蔵）

そして同八年（八一七）五月に、代理の品として金銀平文琴《きんぎんひょうもんきん》（図2—2）が納められている。金銀平文琴は現在、正倉院の北倉にあり、金や銀の薄板を文様に切り、漆地に塗りこめ、表面を研ぎ出して文様をあらわす平文という技法で装飾されている。正倉院の楽器の中でも工芸の見事さや豪華さなど、屈指の楽器であるが、ここからは逆に元の銀平文琴がいかに素晴らしいものであったかも想像されるのである。

さらに、弘仁十四年(八二三)二月には、螺鈿紫檀《らでんしたん》五絃琵琶(口絵1)や金鏤新羅琴《きんるのしらぎこと》を二張、桐木筝《きりのきのそう》と鍬木瑟《くわのきのしつ》(筝に似て、通常は二十五絃の大型の琴)など、多くの楽器を借り出している。

正倉院の新羅琴

螺鈿紫檀五絃琵琶は、前章でみたように、正倉院の楽器の中では金銀平文琴と双璧をなす逸品である。現在、中国でも壁画や文献の中でしか姿をみることができず、世界にただひとつ残った貴重な品である。さすがの嵯峨天皇も、これについては約二カ月後に返却している。

一方、金鏤新羅琴の二張は返納されずに、金泥画の新羅琴と金薄押の新羅琴が代わりに納められている(『大日本古文書』二五―六九)。鍬木瑟も返納されたが、桐木筝は返却されず、槻表《つきのおもて》桐裏筝《きりのうらのこと》が代納されている。

ほかにも、漆琴と銀平文琴を借り出す一カ月前に、嵯峨天皇はなぜか多量の屏風も正倉院から持ち出している。弘仁五年(八一四)九月十七日のことであるが、山水画屏風をはじめ、三十六帖もの屏風が出蔵されている。『国家珍宝帳』によれば、光明皇后は聖武天皇の没後、百点以上もの屛風を東大寺に献納したが、その約三分の一を嵯峨天皇は出させたことになる。

それでは、借り出したり買い取ったりした正倉院の楽器や屛風を、嵯峨天皇はどのように扱ったのであろうか。もとより自身で楽器を弾いたり、屛風をながめたりはしたであろう。嵯峨天皇は楽器にも関心があり、笛・箏・琴・琵琶なども直接指導できるほど演奏に秀でていたという。しかし、それ以降、歴代の天皇でこれだけ頻繁に、また大量に正倉院宝物を出蔵させた例はないのである。

ならば、嵯峨天皇が正倉院宝物を出蔵させた意図はもっと深いところにあるのではないか。その点を明らかにするために、つづいて嵯峨朝の対外関係をふり返っておきたい。

嵯峨朝と渤海

嵯峨朝の対外関係は、唐との関係ばかりでなく、唐や新羅の北に位置する渤海《ぼっかい》国との関係を抜きに語ることはできない。嵯峨天皇は十四年の在位の間、六回も渤海国使を受け入れ、大いに歓待している。

前章でふれたように、渤海国が最初に日本に使節を派遣したのは、聖武朝の神亀四年(七二七)九月であった。渤海国からの日本への使節の来訪は、平安時代にもつづいて、平安遷都の翌年の延暦十四年(七九五)十一月、渤海国王であった大嵩璘《だいすうりん》からの使節が出羽に到着し、越後《えちご》国に移され、翌年、国書と信物《しんもつ》を献じている。その後も渤海使の来朝は、醍醐《だいご》朝の延喜《えんぎ》十九年(九一九)まで、二十数回にもおよんでいる。

渤海国使の当初の目的は、共通の敵である新羅を牽制しようとする軍事的なものだったが、平安期に入ると、むしろ文化交流や、経済的な利益を求めるという目的が主になってくる。渤海から朝貢するという形に日本側がこだわったため、使節のもたらす信物に対して、朝廷からはるかに多く信物が返されたからである。また渤海国使の大使・副使クラスも、武官に替わって漢詩に秀でた文官が任命され、日本での詩宴にそなえることが多くなった。

渤海国の使節は日本海をわたり、おおむね出羽から若狭《わかさ》にかけて日本海側に寄岸した。正式の使者と認められると、そこから平安京の迎賓館というべき鴻臚館《こうろかん》に迎え入れられた。晴れて入京を許され、鴻臚館に到着した使節は、まず国書と、信物とよばれる献上品を朝廷に差し出し、信物は内蔵寮《くらのつかさ》に収められる。その後、使節には官位と朝服があたえられ、引見や賜宴の儀があった。

また使節は、天皇や高官に別貢物《べつこうぶつ》と称する個人的な献上をしたり、鴻臚館で内蔵寮の官人と「遠物《えんもの》」(積んできた交易品)を交易したり、和市《わし》(合意の上での売買)を開いて民間との交易をおこなう場合もあった。この辺の事情については、『日本紀略』や『扶桑《ふそう》略記』に詳しい。

渤海国がもたらした主たる交易品は、最初の使節が貂皮《ちょうひ》、二度目の使節が大虫皮《だいちゅうひ》(虎皮)・羆《ひ》皮《ひ》（熊皮）・豹皮《ひょうひ》を持ちこんだように、毛皮であった。そして渤海側が朝貢の形をとった対価として日本の朝廷から得たのが、絹・絁《あしぎぬ》（太い絹糸で平織りにした絹織物）・糸・綿などの繊維製品の原料である。それは延喜式の規定によれば、「絹三十疋・絁三十疋・糸二百絇《く》・綿三百屯《とん》」であった。

したがって渤海国の使節を正式な賓客《ひんかく》として受け入れることは、朝廷側の負担も大きく、桓武天皇は音を上げて、六年に一度の年貢制を提案することにした。そこで遣渤海国使の内蔵賀《くらのか》茂麻呂《もまろ》を派遣して申し入れたが、渤海国に受け入れられることはなかった。

一方、嵯峨天皇が譲位した後の淳和朝では、淳和天皇の意向を無視する形で、藤原緒嗣《おつぐ》の進言により、十二年に一度の一紀一貢制が渤海に通達され、それを無視して来航する使節は追い返すという強硬措置に出ている。しかるに、その間《はざま》の嵯峨朝では渤海国使を無制限に受け入れ、天皇みずから盛んにもてなし、漢詩の交歓を楽しんだのである。

渤海国使と正倉院宝物

来朝した外国使節に対して、日本側がおこなう応対のシステムは「賓礼」とよばれるが、その歓待の様子を、弘仁五年（八一四）に来日した渤海国の使節を例に示しておきたい。王孝廉《おうこうれん》を大使とする一行は、弘仁五年九月三十日に出雲《いずも》に来航したが、その折の接待役は、滋野貞主《しげののさだぬし》であった。

その年の内に入京した使節は、翌弘仁六年(八一五)の元日の朝賀や宴に参列し、また正月七日には渤海国使の饗応のための内宴が開かれ、女楽《おんながく》もにぎやかに奏された。王孝廉には従三位があたえられ、『文華秀麗集』には、この宴での作と思しき漢詩が八首残されている。

同じく十六日には、豊楽殿《ぶらくでん》で歓迎の宴をもよおし、踏歌《とうか》(多くの人が足で地を踏み鳴らして歌う舞踏)が披露された。さらに翌日の十七日には、豊楽殿での射礼《じゃらい》を嵯峨天皇は渤海国使とともに観ている。そして正月二十日には、渤海国使の帰国に際して送別の楽宴を朝集堂でもよおし、禄も賜っている。その二日後、王孝廉らは出雲に向けて出発するが、元旦から二十二日までの間、トータルで五回もの歓迎行事がおこなわれたのである。

嵯峨朝では内裏の行事ばかりでなく、このような渤海国使を歓待する宴に、例の正倉院から出蔵された宝物が、配置された可能性もあるのではないか。というのも、渤海国使の来航のほぼ二週間前にさかのぼる九月十七日に、前にもふれたように山水画屏風をはじめ、唐国図屏風、大唐古様宮殿画屏風、唐古人屏風、唐女形屏風など合わせて三十六帖の屏風を正倉院から持ち出しているからである。

これらの屏風に共通しているのは中国の古今の宮殿や名所の風景、人物などが描かれている点である。もっとも、屏風がすべて唐からの舶来品であるかどうか、さだかではなく、天平勝宝四年（七五二）の大仏開眼供養会のために聖武天皇が唐風の屏風を大量に作らせており、その一部である可能性も高い。

これらの屏風は、大仏開眼会のためというより、大仏開眼会により新羅や渤海など異国からの来訪者が増えて、そうした接待の場で飾るという需要があったから大量に作られたと考えられる。大量の屏風は、唐風な文化国家としての威厳を示すための文化的装置であったのである。

そして歴史はくり返される。聖武天皇が新羅使など異国の使者の歓待の場で屏風を活用したように、嵯峨天皇もまた屏風を出蔵し、渤海国使を歓待する場に使ったのではないか。

さらに注目されるのは、王孝廉らが来航した直後の十月十九日に、先にふれた正倉院の漆琴と銀平文琴が借り出されている点である。憶測をたくましくすれば、楽器もまた渤海国使の接待の宴で使われたのではないか。正倉院宝物は、日本の内にあって、しかも手近な〈漢《かん》〉として、文字通り威信財と思われていたのであろう。唐風な文化国家としての威厳を国際的に示すためにも、正倉院の屏風や楽器が歓迎の宴に配置される必然性があったのではないか。

嵯峨天皇は遣唐使を派遣しなかった代わりに、正倉院宝物という日本の中の〈漢〉というべき、唐風文化のエッセンスを儀式の場で大いに活用したというべきであろう。なぜなら渤海国の使節への歓待は、嵯峨天皇にとって、東アジアの他国に自国の勢威と文化の水準をみせつける国際政治の場にほかならなかったからである。借り出した正倉院宝物は、嵯峨天皇の権威を高める文化的装置になったと思われるのである。

承和の遣唐使

さて、嵯峨天皇につづく平安の対外関係のキーパーソンといえば、嵯峨天皇の弟の淳和天皇の後に即位した仁明《にんみょう》天皇であろう。

仁明朝における対外関係といえば、真っ先に挙げるべき出来事が、承和《じょうわ》の遣唐使の派遣である。承和の遣唐使が、父嵯峨上皇の強い意向の上にあったことは想像にかたくない。嵯峨上皇はみずからがはたせなかった遣唐使派遣の夢を息子に託したともいえるが、しかしそれは苦難にみちた派遣であった。

まず承和元年(八三四)に、大使藤原常嗣《つねつぐ》、副使小野篁《たかむら》らが任命された。ところが承和三年(八三六)、同四年(八三七)と二年つづけて出航したものの、ともに渡航に失敗してしまう。その後、乗りたい遣唐使船(図2—3)をめぐって大使・副使が争った結果、副使の小野篁は病と称して渡航しなかったため、隠岐《おき》に流罪となった。それも嵯峨上皇の怒りを買ったからである。

承和の遣唐使は同五年(八三八)、三回目の航海でようやく入唐をはたすことができ、留学僧として円仁《えんにん》や円載《えんさい》らが同行した。事実上、最後の派遣となった旅の艱難辛苦《かんなんしんく》は、円仁の『入唐求法巡礼行記《にっとうぐほうじゅんれいこうき》』に詳しく記されている。

それにしても承和年間という仁明朝の時代に、なぜ遣唐使は派遣されたのであろうか。当時の遣唐使は、六百名前後を派遣する一大国家プロジェクトであり、経済的負担も大きく、また遣唐使船が遭難するリスクも高かった。それにも拘わらず、承和の遣唐使を派遣したことについて、佐伯有清氏は、承和年間がむしろ危機の時代であったがゆえに、仏教界からあらたな鎮護国家の仏法の導入が求められたとする。あるいは大陸文化の摂取、特に音楽の吸収が求められたという説もある。

承和の遣唐使派遣には、そうした複合的な理由が考えられるが、そこには唐物、特に香薬《こうやく》(香料と薬)の需要といった問題も抜きがたく関わっているのではないだろうか。唐物購入の苦労についても、円仁の『入唐求法巡礼行記』に詳しいのである。

図 2-3　遣唐使船(提供・角川文化振興財団)
平城遷都 1300 年を記念して復元された

仁明天皇の唐物趣味

そもそも仁明天皇は諸芸に通じ、漢籍をよく読み、草書・弓射や音楽に才を示したが、医術にも関心が深かった。仁明天皇は病弱であったために、即位後もしばしば調薬

（丹薬《たんやく》・石薬《せきやく》などを調合すること）をしたという。また舶来品の香料ばかりを使う調香、いわゆる薫物《たきもの》の名手としても誉れ高い。

平安時代になると、香は仏事や儀式用ばかりでなく、貴族たちの趣味的対象となり、高度で洗練された薫物が工夫された。特に仁明天皇の時代に、薫物の調合が盛んになり、仁明天皇その人や、その第七皇子である八条宮本康《もとやす》親王、閑院左大臣とよばれた藤原冬嗣など、合香《ごうこう》の名手が次々とあらわれた。以来、多くの人々が王朝の美意識を表現しようと薫物の調合を競い、その秘方は平安末期の香書《こうしょ》の集大成というべき『薫集類抄《くんしゅうるいしょう》』に記されている。合香の名手が仁明天皇周辺にあらわれたということは、それだけの香料が舶来品としてもたらされた、つまり唐物の輸入が増えていたことが前提であったのである。

仁明天皇の調香法は、たとえば『源氏物語』の梅枝《うめがえ》巻に「承和の御いましめ」として、その名をとどめている。『薫集類抄』にも「承和秘方」として坎方《かんぽう》（一説に黒方《くろぼう》）の処方が紹介されている。天皇みずからの唐物嗜好が、この時代の流行に大いに影響力を持ったことは疑いない。

唐物の香料を輸入し、唐代の煉香の製法を真似て作られはじめた薫物は、仁明天皇の時代から急速に発達し、やがて中国とは違った処方が案出され、その創始者が尊敬を集めるにいたった。さらに四季によって薫物を変えるといった日本的な美意識にマッチしたものになっていく。つまり薫物が唐物の加工品にとどまらず、和の文化にまで高められる契機となった時代だったのである。

その背景には、それまで以上に唐物が政治と結びつき、注目を集める機会がふえた状況があった。華やかにくり広げられる宮廷行事において、その場を飾る品として、また献上品として、唐物という奢侈品(贅沢品)が重要な役割をはたしていたのである。皇統やその周囲の貴族層は、唐物という威信財を手に入れ、自己の政治的・文化的優位を示そうと躍起になっていた。そして、当時、海商《かいしょう》とよばれる新羅や唐の商人たちが九州に来航しはじめたことも、唐物獲得の機会をふやしていったのである。

国風文化の端緒を開いたといわれる仁明朝において、東アジアからの唐物の需要が高まり、歓迎されたことは矛盾のようにみえるかもしれないが、共存する現象というより、むしろ唐物の流入が、薫物にみられるような和様化へと発展し、国風文化の開花を支えていたというのが実情なのである。

富裕層への広がり

さらに仁明朝以降の「唐物」の需要と国風文化の相関について、簡単にふれておきたい。その後、唐物の需要はますます高まり、清和《せいわ》天皇の貞観《じょうがん》五年(八六三)には、「唐物使《からもののつかい》」とよばれる、唐・新羅など外国の商船がもたらした唐物を優先的に買い上げるための使者が、朝廷から大宰府に派遣されるようになる。

唐船が博多周辺に到着すると、大宰府はその報告を朝廷にし、日本での滞在を許可するか否かの伺いを立て、朝廷から許可されると、唐船の乗員は、大宰府の出先機関である博多の鴻臚館に迎えられ、宿泊が許される。そして朝廷からは内蔵寮、のちの時代には蔵人所《くろうどどころ》から唐物使が任命され、大宰府に派遣されて朝廷の必需品を買いつけるという、いわゆる先買権を掌握した形での交易が進められた。

貞観十六年(八七四)には、入唐使《にっとうし》とよばれる、少人数で唐の商船に便乗していく買い物目的の使者が派遣された。その経緯と表裏をなすように、唐船が来航すると、都の貴族たちが争って使者を遣わし、朝廷が先買権を行使する前に唐物を買い漁ってしまうことへの禁制がしばしば出されている。それは『日本三代実録』仁和《にんな》元年(八八五)十月二十一日条や、『類聚三代格《るいじゅうさんだいきゃく》』巻十九(延喜三年(九〇三)八月一日条)の太政官符などである。

後者は「諸使、関を越えて私に唐物を買ふを禁遏《きんあつ》」するためのものである。その理由は唐船が博多に到着すると、朝廷が唐物使を派遣することになっているのに、その前に平安京の貴族たちが私的な使者を遣わして競って唐物を買い集めようとし、大宰府周辺の富裕層も「遠物」(唐物)を愛し、交易してしまうので、唐物の値段が高騰してしまうというのである。

禁制があらわしているのは、朝廷が唐物を独占するシステムが壊れつつあり、それに反比例して、貴族や富豪層に唐物が浸透していく現象である。遣唐使時代には入手が困難であった唐綾や唐錦といった絹織物や、香料・薬品等が商人たちから大量にもたらされ、民間で交易されたのである。朝廷は唐物の先買権は主張したが、その後の交易は禁止したわけではないので、海外からの船載品は日本の富裕層に広まっていった。

ところでこの時期、つまり九世紀の日本に輸入された唐物とは、具体的にいかなる品々であっただろうか。やや時代は下るが、藤原明衡《あきひら》の『新猿楽記』には、唐物として五十種以上の品物が列記されている。『新猿楽記』は、十一世紀半ばの成立とされるが、唐物の内容も交易圏も九世紀以来、大きな変化はなかったとされるので参考にしたい。「はじめに」でもふれたが、その内容は香料・貴《き》木《ぼく》・染料・薬品・顔料・皮革・衣料などである。

沈《ぢん》・麝香《じやかう》・衣比《えひ》・丁子《ちやうじ》・甘松《かんしよう》・薫陸《くんろく》・青木《しやうもく》・龍脳《りゆうなう》・牛頭《ごづ》・雞舌《けいぜつ》・白檀《びやくだん》・赤木《あかぎ》・紫檀《したん》・蘇芳《すはう》・陶砂《たうさ》・紅雪《こうせつ》・紫雪《しせつ》・金益丹《きんえきたん》・銀益丹《ぎんえきたん》・紫金膏《しこんかう》・巴豆《はづ》・雄黄《おおう》・可梨勒《かりろく》・檳榔子《びんらうじ》・銅黄《どわう》・緑青《ろくしやう》・燕脂《えんじ》・空青《くしやう》・丹《たん》・朱砂《しゆしや》・胡粉《ごふん》・豹虎皮《ひようとらのかは》・藤茶碗《とうちやわん》・籠子《ろうじ》・犀生角《さいのいきつの》・水牛如意《すいぎうのによい》・瑪瑙帯《めなうのおび》・瑠《る》璃《りの》壺《つぼ》・綾《あや》・錦《にしき》・羅《うすもの》・縠《こく》・緋《ひ》の襟《きん》・象眼《ざうがん》・繧繝《うんげん》・高麗軟錦《かうらいぜんきん》・浮線綾《ふせんりやう》・呉竹《ごちく》・甘竹《かんちく》・吹玉《ふきだま》等。

以上の唐物を分類すると、沈香から白檀までの十一種類が、広くアジアに産する香料（香薬）

となる。赤木・紫檀が貴木、蘇芳が染料、陶砂は陶土、紅雪から檳榔子にいたる九種類は薬品、銅黄・緑青以下が顔料類となる。そして豹皮・虎皮等の皮革類、茶碗等の陶磁器、犀や水牛の角、石帯の瑪瑙帯、ガラス器の瑠璃壺、綾・錦・羅・穀・緋の襟・象眼・繧繝・高麗軟錦・浮線綾までが衣料、呉竹・甘竹が笛の材料となる。

これ以外にも、唐物としては重要な書籍、鸚鵡《おうむ》・孔雀・鴿《はと》・白鵝《はくが》・羊・水牛・唐犬・唐猫・唐馬などの珍獣類、唐紙・唐硯・唐墨などの文房具類がもたらされた。この時代、唐物が幅広く供給されていた様子がうかがわれる。

「国風文化」の実像

仁明朝以降、こうした唐物の需要がいっそう高まったことを踏まえた上で、改めて国風文化とよばれる時代について考察してみたい。

かつては国風文化について、次のような言説があった。平安時代の初期は唐風文化が優勢であったが、宇多《うだ》朝の寛平《かんぴょう》六年(八九四)の遣唐使廃止から、唐の文物の影響もうすれたことにより、国風文化という純然たる日本文化に推移したというものである。そこでは唐文化の「模倣」の時代から、遣唐使が廃止され、鎖国状態となって国風文化の「創造」に移行したという言説がまことしやかに語られてきた。

しかし、宇多朝の遣唐使計画は、廃止というより、菅原道真の建議により中止されたまま、再開することがなかったというのが正確なところである。そもそも宇多天皇がそうした判断を下したのも、遣唐使のような危険で経済的負担の大きい朝貢使に頼らなくとも、大陸からの文物や情報の流入が確保されていたがゆえである。くり返すように、遣唐使中止が因で唐風文化から国風文化への転換が果である、といった単純な関係にあるわけではなかった。

むしろ八世紀の新羅商人や渤海商人、やや遅れて九世紀の唐商人の活躍により、大陸からの唐物の流入は遣唐使時代よりも圧倒的に増加していた。つまり国風文化とよばれる時代の内実をささえていたのが、東アジア交易圏であり、国風文化とは、鎖国のような文化環境で花開いたものではなく、唐の文物なしでは成り立たなかった文化なのである。

国風文化は都市の文化といわれるが、平安京という都市に富が集中すればするほど、唐物という奢侈品への欲望が日ましに高まることは必然であった。朝廷の貿易統制がどうであれ、その網の目をくぐって、私貿易は盛んにならざるをえない。その意味では国風文化とは、唐風の奢侈品を享受する環境にあって醸成された文化といえよう。

宇多天皇にしても、遣唐使派遣の夢は破れたものの、唐物の蓄積には怠りなかった。承平《じょうへい》元年(九三一)、御室から仁和寺《にんなじ》宝蔵に移した宇多上皇の御物には、唐・渤海・新羅からの舶来品が多量にふくまれていたことも興味深い。

遣唐使が中止された後、『古今和歌集』勅撰の宣旨を発し、国風文化を代表する天皇のようにいわれる醍醐天皇にしても、博多を経由して東アジアからもたらされる唐物を使って、「唐物御覧《からものぎょらん》」というシステムを確立し、皇威のデモンストレーションの場とした。唐物御覧とは、乗組員の名、運んだ唐物の種類・数量などを記した文書、渡海許可書と献上品の唐物を天皇がみる儀式で、献上品は唐船の商人たちが天皇の徳を慕って来日した証と考えられていたのである。唐物御覧の後、天皇は献上品をさらに臣下に分配することで、唐物はさらに貴族層に広まっていった。

遣唐使の時代には、王権支配をあらわしていた唐物の意義は、唐物御覧というシステムの中でも機能していたが、国風文化の時代にいたると、貴族や富豪が入手しうるステイタス・シンボルとしても定着していった。唐物は王権優位の表象にとどまらず、都市の富裕層も入手しうる舶来ブランド品として王朝文化に広く浸透していったと考えられるのである。

黄金と「火鼠の皮衣」

国風文化の時代に、唐物が貴族や富豪層が渇望するステイタス・シンボルであったことは、歴史的史料ばかりでなく、王朝文学においても顕著である。そこで唐物がいかに貴族社会に浸透していたか、王朝文学の中から『竹取物語』と『うつほ物語』を例として、唐物との関係を中心に追っていきたい。

もとより、『竹取物語』『うつほ物語』といったフィクションの文学における交易や唐物のあり方は、時代状況をそのまま映し出しているわけではなく、そこには虚構ゆえの誇張やパロディ化もある。作り物語における唐物のあり方は、当時の現実を「再現」したというより、「再編」したという方がふさわしい。しかし、虚構の設定と時代との距離を意識しながらも、二つの物語からは当時の唐物の位相を炙り出すことができなくもないのである。

『竹取物語』の成立年代は明確にはしがたいが、『古今集』成立の前後、特に八九〇年代後半と推定されている。その内容はご存じのように、かぐや姫の生い立ち、五人の貴公子と帝の求婚、かぐや姫の昇天の場面からなっている。その中で異国の品々との関わりが深いのが、かぐや姫が貴公子たちに難題を課す、いわゆる難題求婚譚の場面である。

五つの難題の品とは、仏の御石《みいし》の鉢、蓬萊《ほうらい》の玉の枝、火鼠《ひねずみ》の皮衣《かわぎぬ》、龍の首の珠《たま》、燕《つばくらめ》の子安《こやす》貝《がい》であり、竹取の翁がいみじくも「この国に在る物にもあらず」と嘆いたように、いわゆる「国風」、国内の品とはいいがたいモノである。これらがすべて漢籍や仏典になんらかの典拠を持っていることは、早くは近世に契沖《けいちゅう》が著した『河社《かわやしろ》』により指摘されてきた。『竹取物語』では最初から入手不可能な観念的な異国の品として難題物が設定されているのである。

この難題譚にあって、唐物との関係からもっとも注目されるのは、第三の難題物、右大臣阿《あ》倍御主人《べのみうし》へ課せられた「火鼠の皮衣」の話である。「火鼠の皮衣」はかぐや姫によって唐土《もろこし》のものであるといわれているが、阿倍御主人は皮衣をみずから追い求めていくのではなく、砂金を使った私貿易により解決しようとする。その年、博多にやってきた唐船の船主の王けい(王慶とも。在唐の商人)に宛てて注文の手紙を書き、心利いた家臣である小野房守《ふさもり》に金と手紙を持たせて博多へ派遣する。

東アジアをめぐる交易圏では、唐在住の新羅商人の活躍が八世紀から認められ、円仁の入唐を援助した張宝高《ちょうほうこう》などが名高い。つづいて渤海使を名乗る渤海商人の活躍が加わり、そこに唐商人が加わるのが、九世紀半ばといわれる。入唐した円珍《えんちん》を支援した徐公直《じょこうちょく》・公祐《こうゆう》なども唐商人である。日本に来航した唐商人の記録上の初見は、承和九年(八四二)の李隣徳《りりんとく》の商船といわれ、やや時代が下るが、唐商人の中には李環《りかん》のように入京し、直接、宇多天皇に対面した者もいる。『竹取物語』の王けいには唐商人の徐公直らの面影があり、九世紀の国際交易の実像を反映しているという説さえあるのである(田中史生)。

唐商人の王けいは唐にいて、博多と唐を商船で往復したのは小野房守だが、少なくとも朝廷以外の購買層とも私貿易をし、活躍していた商人だったのであろう。この場面のやりとりは、もたらされた唐物を買うだけの貿易ではなく、博多に在住していた海商との貿易でもなく、ちょうど中間のような貿易形態である。貞観十六年(八七四)の香料や薬を購入するための入唐使の派遣は、この話に近いといえるかもしれない。『竹取物語』の小野房守は求める品を海外まで買いつけにいくわけである。この話は遣唐使以降、朝廷を介さない形で貴族の私貿易が可能になっている状況をみごとに映し出している。

ところで火鼠の皮衣は、かぐや姫が難題を提示した際には「唐土」の品とされている。しかし唐の商人王けいが火鼠の皮衣を入手するに際しての苦労話によれば、天竺からの布教の入唐僧が火鼠の皮衣を持ってきて、「西の山寺」に安置したという。「西の山寺」とは、唐と西域の結節点となる敦煌《とんこう》の莫高窟《ばっこうくつ》のような場所をイメージすればよいのかもしれない。ともあれ、火鼠の皮衣はシルクロードを経て、西域からもたらされる稀少な渡来品であると王けいは語る(=騙る)ことで、さらに砂金五十両を交換財として要求したのである。

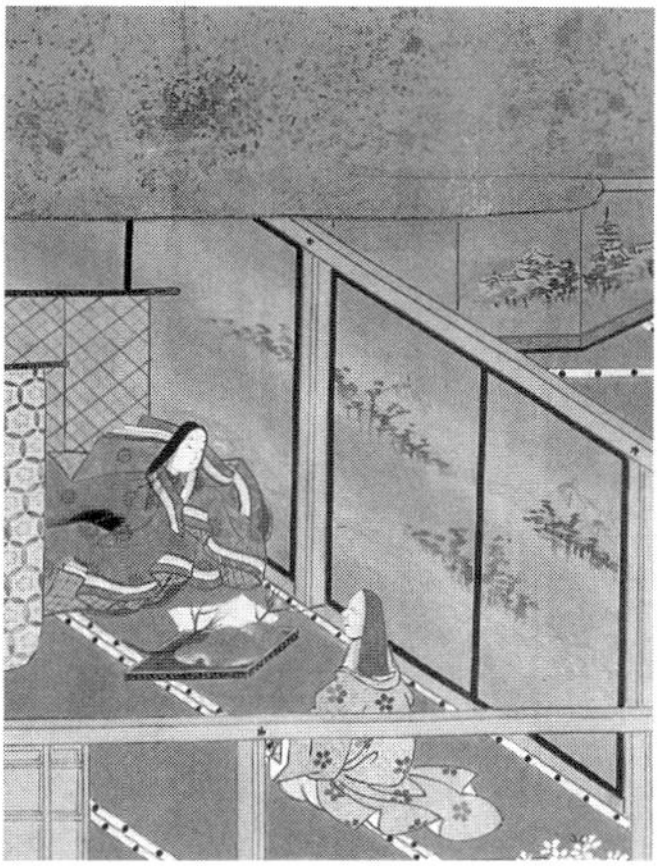

図 2-4　火鼠の皮衣の絵(『竹取物語 中』, 国立国会図書館ホームページ)

しかし、阿倍御主人が追加の砂金を払ってまで得た皮衣は、火に焼けないはずであるのに、かぐや姫により燃やされてしまう(図2―4)。阿倍御主人はとどのつまり、偽の「火鼠の皮衣」をつかまされて求婚に失敗したわけだが、そこには当時、船来の毛皮が流行し、貴族たちが争って買いあさっていた状況への諷刺があった。『竹取物語』は、黄金の光を放つ美麗な毛皮に騙された阿倍御主人をえがくことにより、東アジア交易圏からもたらされる唐物に心酔し、金に糸目をつけない平安貴族の心理を痛烈に批判しているともいえるのである。

『うつほ物語』と二つの交易ルート

それでは『竹取物語』につづく、作り物語の『うつほ物語』の場合はどうであろうか。『うつほ物語』の成立は、天禄《てんろく》年間から長徳年間(九七〇~九九九)とされ、その内容を一言で要約すれば、清原俊蔭《としかげ》―俊蔭女《むすめ》―仲忠《なかただ》―いぬ宮へつづく四代の秘琴《ひきん》伝授の物語となる。

『うつほ物語』の中にも、長編物語ということもあり、唐物関係の描写が多くみられる。しかも、『うつほ物語』には平安時代の二つの交易ルートが実態として反映された場面がある。そのルートのひとつは、嵯峨朝のところでもふれた渤海国との交易である。

平安期に来朝した渤海国使は、くり返しになるが、朝貢品や交易品として多量の毛皮を平安京にもたらした。その記録はけっして多くはないが、貞観十三年(八七一)暮に来朝し、翌年五月に入京した大使楊成規《ようせいき》の折も、虎皮・豹皮・熊皮、そして貂皮が献上品としてもたらされた。さらにその後、民間との交易もおこなわれた。というのも、ひとつには平安京の冬の寒さをしのぐため、毛皮の需要が高かったからである。男性貴族たちは、平安京での冬の野外の行事に、舶来の毛皮を着て参列したのである。

もっとも渤海国の毛皮を入手できたのは、貴族層や富裕層など一部の者にかぎられていた。つまり毛皮は防寒用にとどまらず、一種のステイタス・シンボル、富と高貴と権威の表象としてもてはやされたわけである。延長《えんちょう》五年(九二七)の延喜式の弾正台式《だんじょうだいしき》(身分に基づくさまざまな規定)では、毛皮着用の基準をさだめており、五位以上は虎皮、豹皮は参議以上と三位の非参議、貂皮は参議以上とされ、高価な毛皮の中でも貂皮が最高のランクに位置づけられていた。

『うつほ物語』の蔵開《くらびらき》中巻でも、最高級の毛皮であった貂皮が出てくる。師走の半ばに宮中に泊まることを余儀なくされた主人公の藤原仲忠は、妻の女一の宮に手紙を送り、宿直のための衣類を届けてもらう。女一の宮は、赤色の織物の直垂《ひたたれ》と一緒に、六尺ばかりの「黒貂《ふるき》の皮衣」で綾の裏がつき綿の入った品を、防寒用の衣類として送っている。師走の寒さをしのぐ意味で、これ以上ふさわしい品もなく、また一方で、右大将の要職にある仲忠が宮中で身につけてもおかしくない最高級品の毛皮という意識である。『うつほ物語』の黒貂の毛皮は、防寒用の衣類であり、同時に上流貴族のステイタスを象徴する舶来品であった。

とはいえ、舶来品がもたらされたルートは、渤海国からばかりでなく、別に博多で唐の海商から買い上げられ、平安京へ運ばれる経路があったことはいうまでもない。『うつほ物語』でも後者が割合としては大きかった。そのルートでは、先にもふれたように、朝廷から派遣された唐物使が、大宰府の出先機関である博多の鴻臚館におもむき、先買権を行使していたのである。

『うつほ物語』の内侍《ないし》のかみ巻にも、唐物使が買い上げて、蔵人所の納殿《おさめどの》に収められた唐物について、かなり詳しく語られている。朱雀《すざく》帝はかねて執心の仲忠の母、俊蔭女を宮中に召し寄せ、琴の秘曲を演奏させて、その褒美として尚侍の位をあたえた。やがて退出する俊蔭女に、左大臣が帝の意を受けて、蔵人所に蓄えられた唐物を惜しみなく贈っている。その贈り物とは、「綾、錦、花文綾《けもんりょう》」など舶来の衣料、そして「麝香、沈、丁子」などの香料であった。そこには唐人の来航ごとに、蔵人所から派遣された唐物使が買いつけるという、唐物交易の実態が反映されている。

秘色青磁と瑠璃

しかし一方で、唐商人を鴻臚館に安置し、唐物使を派遣することは経済的な負担も大きく、交易を唐物使ではなく、出先機関の大宰府の役人に任せることもしばしばであった。その結果、大宰府の役人を介して、都の貴族層や富裕層にも唐物が入手しやすくなるという現象もしばしば起こってくる。

交易の利権を掌握した大宰府の役人が、いかに巨額の私財を蓄えうる立場にあったかは、『うつほ物語』の藤原の君巻の、「帥《そち》」とよばれる前の大宰大弐《だいに》である滋野真菅《しげののますげ》をめぐるエピソードからもうかがえる。

この巻では、源正頼《まさより》の娘のあて宮という美女が、身分の上下を問わず数々の男性たちの求婚を受けるが、滋野真菅も年が六十を越えているというのに、あて宮の求婚者の仲間入りをする。真菅は大宰大弐に任官して、たっぷりと蓄財するが、帰洛の旅の途上で妻を亡くして都にもどり、あて宮の噂を聞きつけると、息子四人と娘三人がいるというのに、臆面もなく求婚するのである。真菅の好色ぶりを『うつほ物語』は戯画的に描いているが、真菅が胸を張って求婚できるのも、大弐時代の蓄財があり、その財力に自信があればこそである。真菅は、京と筑紫を往復する筑紫船を持ち、娘たちには唐物の極上の絹を選ばせている。そして真菅の一家がいかに豪勢な生活ぶりであったかを示す部分に、「秘色《ひそく》」とよばれる舶来の杯が出てくるのである。

「秘色」とは、中国の江南地方にあった越州窯《えっしゅうよう》の舶来青磁のことで、唐代の漢詩文にも登場し、もともとは神秘的な色、もしくは特別な色という意味であった。ところが、唐の後の呉越《ごえつ》国が越州窯の青磁を交易用として確保するために、臣下や庶民の使用を禁止したので、「秘色」とよばれたという説も後から加わった。

ともかくも、秘色青磁は越州に近い明州の港から輸出され、西は遠くエジプトのフスタート遺跡まで、その遺品が確認される。『うつほ物語』でも「秘色」は、真菅が大宰府の大弐時代に唐物交易で得た高価な食器というイメージで語られているのである(本章扉)。

なお『うつほ物語』では、食器として、「秘色」青磁のほかに、瑠璃《るり》とよばれるガラス製品も登場する。蔵開中巻では、藤壺(あて宮)から殿上の間にいる公達たちに食事の差し入れの場面があり、そこに瑠璃のさまざまな食器や酒器が出てくる。

藤壺からは、大きな酒台ほどのガラスの甕《かめ》に食事を盛り、同じくガラスの皿状の坏《つき》に干物などを盛り、くぼんだ坏には菓子を盛り、大きなガラスの瓶には酒を入れて、といった具合にガラスづくしの食器で差し入れがあったという。

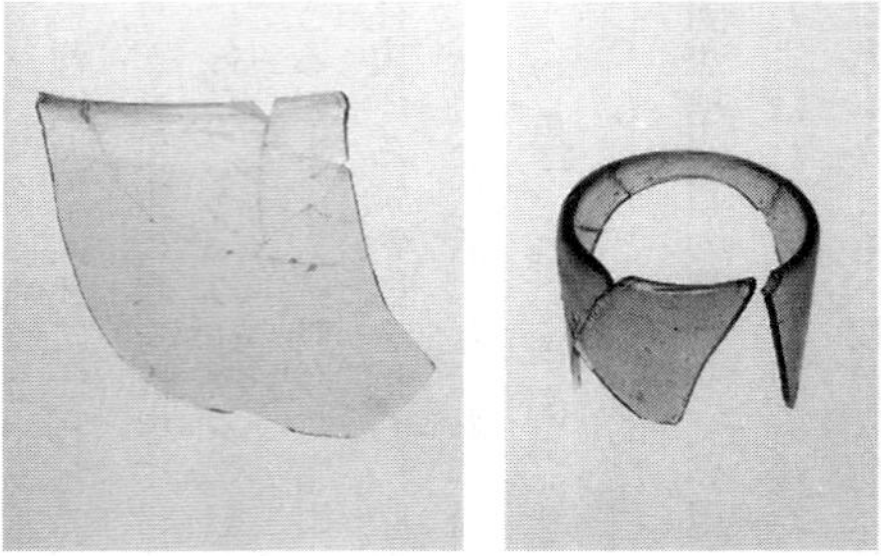

図 2-5　博多の鴻臚館跡出土のイスラム・グラス
(福岡市埋蔵文化財センター蔵)

当時、輸入されたガラス器は、繊細な中国(宋)製のガラス器と、さらに西方からもたらされる大型で丈夫なイスラム・グラスがあった。イスラム・グラスは薔薇《ばら》水や白砂糖や葡萄酒を入れる丈夫な容器であり、この場面の瑠璃の食器も中国製とみるより、イスラム・グラスであった可能性が高いのである(図2―5)。

俊蔭が招来した唐物

秘色や瑠璃にかぎらず、『うつほ物語』には、贈り物や晴《ハレ》の儀式の調度品としての唐物があふれている。もっとも、『うつほ物語』でより重要なのは、二つの交易ルートからの唐物に加えて、実際の交易ルートを通さない唐物を描いていることかもしれない。それは、仲忠の祖父の清原俊蔭が異国からもたらし、三条京極の旧邸の蔵に秘蔵されていた品々である。

蔵開上巻という巻で、仲忠は久しぶりに訪れた三条京極の俊蔭邸の蔵が閉ざされたままであることを知り、先祖の霊に祈念して蔵を開き、祖父俊蔭やその先祖が残した書籍の束や沈香でできた唐櫃《からびつ》、香などを発見する。そもそも『うつほ物語』の首巻の俊蔭巻は、清原俊蔭が若くして学才の誉れ高く、遣唐使の一員に任命され渡海するところからはじまる。しかし俊蔭の乗った遣唐使船は遭難し、「波斯国《はしこく》」に流れ着く。

「波斯国」がどこなのか、ペルシャ説と南海説（インドネシア・スマトラ島付近）に説は分かれている。いずれにしても、遭難した遣唐使なら「波斯国」から唐土におもむき、使命をはたすことを考えるはずなのに、俊蔭はそうはしなかった。俊蔭は波斯国の西へ西へと奥に入り、天人から琴《きん》の伝授を受ける。そして二十一年目に「波斯国」から交易船に乗って、日本に帰国するのである。

その後、俊蔭は出仕したものの、やがて辞して三条京極の邸にこもった。そして琴の秘曲を一人娘の俊蔭女に伝授して、この世を去る。俊蔭女は藤原兼雅《かねまさ》との間に仲忠をもうけ、北山のうつほに住むなど苦労の末に兼雅の邸に迎えられたため、三条京極の邸は空家になっていた。蔵開上巻で、この三条京極の邸の蔵がクローズアップされ、仲忠が開けるのであるが、この巻以降では不思議なことに、俊蔭が行かなかったはずの「唐土」を遣唐使として往還したことになっている。

蔵にあった唐物は、俊蔭がさすらった波斯国から西にあった舶来品というわけでもなく、遣唐使である俊蔭が唐土から持ちかえって蓄えた品々として語られる。それはあくまで唐からの品であることを強調することによって、俊蔭の残した品の権威を高めようとしたのではないか。

そもそも記録の上での「唐物」というよび方も、延暦や承和の遣唐使にはじまり、「唐土」の品、あるいは「唐土」を経由した品という意味で、舶来品を権威づける表現であったことは、前章でみた通りである。その意味でも、俊蔭が招来した品々は、「唐土」と関係づけられる必要があったのである。

蔵開以降の世界

蔵開上巻、仲忠が祖父の蔵を開く場面で、まず目を惹く唐物は、俊蔭が遺した書籍である。

吉備真備のごとく、遣唐使の役目のひとつには諸学の書籍を招来することがあったが、俊蔭は漢学にとどまらず、薬学・医学など諸学の書を幅広く持ちかえっている。その後、仲忠は妻の女一の宮が懐妊すると、三条京極の蔵の書から俊蔭伝来の「産経《さんきょう》」をとり出し、それに従って、いぬ宮誕生まで世話をする。また仲忠は、蔵の中から香を納めた唐櫃をとり出し、その香を母の俊蔭女や女一の宮に配ったので、この一族の香りはまたとないものとして評価を受けた。

さらに京極旧邸の蔵の遺品の優位性が際立つのは、『うつほ物語』の終局ともいうべき楼《ろう》の上《うえ》上巻で、仲忠が京極邸に高楼を建てる場面である。

高楼は俊蔭女から孫のいぬ宮への秘琴伝授のために建てられたが、仲忠はその造営に際して、俊蔭の唐物、特に蘇芳、紫檀、浅香、白檀、唐綾などを惜しみなく使っている。京極邸の楼が唐風のイメージを持つことはしばしば指摘されるが、それは俊蔭がもたらした異国の品々によって荘厳されていたからである。そうであることによって、京極邸はこの世に二つとない〈漢〉の空間となり、他家や天皇家の羨望を浴びたのである。

やがて楼の上下巻のエピローグ、俊蔭女といぬ宮が琴を弾く場面では、朱雀《すざく》院と嵯峨院が行幸して、俊蔭自筆の絵入りの冊子と「唐土の帝」から下賜された高麗笛《こまぶえ》が奉られている。ここでも、皇族や他家がいくら貴重な唐物を手に入れたにせよ、俊蔭の遺品の素晴らしさには及ばないという論理が貫かれている。嵯峨院に贈られた高麗笛にしても、あたかも遣唐使が唐の皇帝から賜った回賜品であるかのような語り方である。

『うつほ物語』は、架空の唐物ランドともいうべき唐物が横溢する世界であるが、仲忠は折にふれ祖父俊蔭から継承した品々を誇示することで、天皇家や他家を圧倒し、一族の優位を示していく。それまでに「波斯国」といった異国への言及があったにせよ、『うつほ物語』はその後半部で、むしろすべてを俊蔭が遣唐使として派遣された「唐土」の権威に収束させていく。『うつほ物語』は秘琴伝授のみならず、俊蔭がもたらした唐物の優越性により、仲忠一族の栄華が保証される物語として完結したともいえよう。それは、まさに〈漢〉の文物の正統性を強く押し出す世界だったのである。

第三章

王朝文学が描く唐物趣味

―『枕草子』『源氏物語』の世界から―

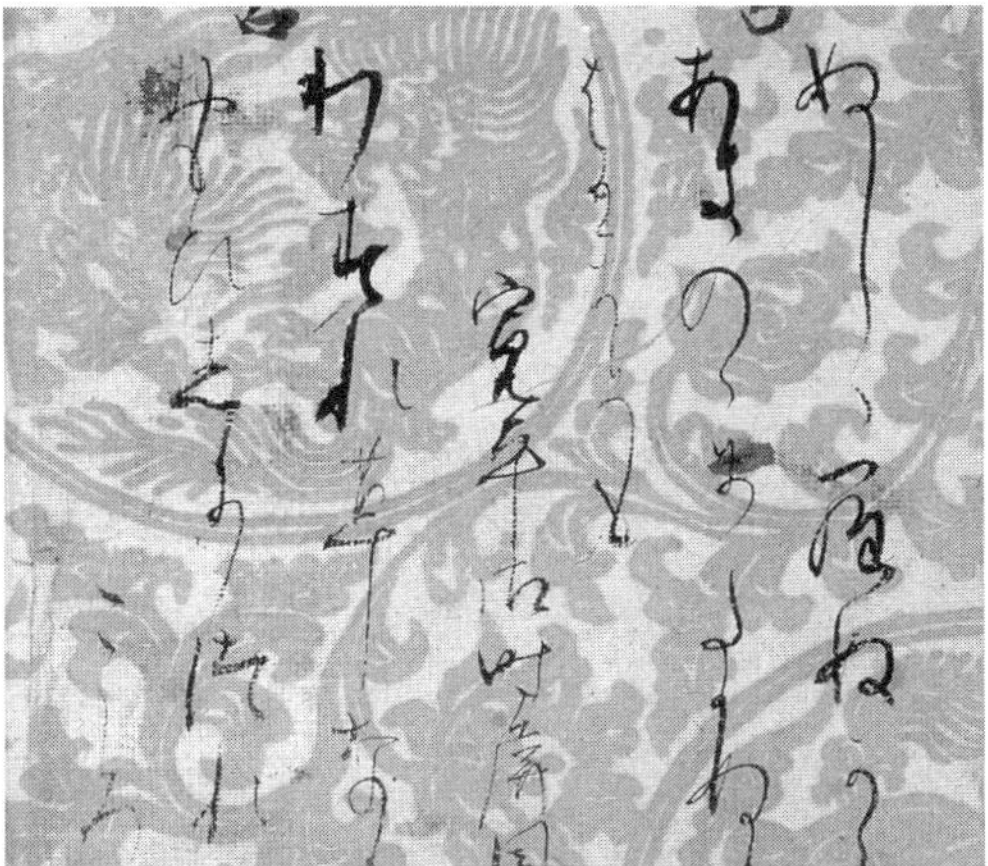

『唐紙本素性集』((公財)冷泉家時雨亭文庫蔵)
舶載の唐の紙

『枕草子』を読み解く

前章まで嵯峨天皇、仁明天皇、醍醐天皇といったキーパーソンを中心に、唐物と権力者の関係を追ってきた。さらに『竹取物語』や『うつほ物語』で、貴族の日常への唐物の浸透、また唐物の存在を利用した物語の構成などをたどりみてきた。

この章では国風文化の精華といわれる一条朝（九八六〜一〇一一）の時代に、唐物がどのように貴族の日常に浸透していたかを追いたいが、その際、『源氏物語』と並んで一条朝の文学の双璧をなす『枕草子』に注目してみたい。そこには道長の兄である藤原道隆《みちたか》、いわゆる中関白家の栄華に関わる唐物が散見されるからである。

『枕草子』の唐物関連の語彙を拾ってみると、「唐鏡」「唐錦」「瑠璃の壺」「鸚鵡」「沈」「唐の紙」「唐綾」「唐の薄物」などがみえ、当時の宮廷に愛好された唐物のオンパレードの感がある。奢侈品といわれ、高嶺の花の唐物ではあるが、一条朝の宮廷生活、特に中関白家の周辺では、日常的にふれる機会が多かったと想像される。

そもそも清少納言の宮仕え体験が、唐物やその加工品の豪華さとの遭遇からはじまったことは、その初出仕の頃を語る段からもうかがわれる。「宮にはじめてまゐりたるころ」の段では、なんと舶載の沈香で作られた火桶が登場するのである。沈香の火桶は、宮仕えをはじめたばかりの清少納言を圧倒する品であり、中関白家の富と栄華の象徴であったともいえよう。

沈香は南方からの舶来品で、産地が真臘《しんろう》（カンボジア）、占城《せんじょう》（ヴェトナム）、大食《たいしょく》（西アジア）、三仏斉《さんぶつせい》（マラッカ）の順に良質といわれ、中国や朝鮮からの中継貿易で、平安京にもたらされた。沈香といえば、薫物の原料など香料としてのイメージが強いが、前章でみた『うつほ物語』では、沈の調度品、細工物、洲浜《すはま》（洲のある浜をかたどった作り物の台）がしばしば出てくる。晴の場の調度品であったり、贈り物に使われたりもした。

『枕草子』では晴の場にかぎらず、日常生活に高価な沈の火桶のような品があることが特徴的である。むしろ唐物を使った調度品を点描することで、定子サロンの、ひいては中関白家の財力を誇示した語り方といえよう。貴重な沈で作られた火桶は、当時の中関白家の繁栄の象徴であり、しかも非日常の儀式の場でなく、日常の光景であることで、いよいよその印象を深めるのである。

同じ「宮にはじめてまゐりたるころ」の段では、中宮定子が白い衣の上に「紅の唐綾」の表着を着こなしている姿が、この世のものと思えない優艶な美しさとして印象的に描かれている。定子は『枕草子』の中では、紅梅襲《こうばいがさね》などの派手な衣装が好みで、またそれがいかにも似合う女性であった。こうした日常の装いもまた、中宮定子の美麗さばかりでなく、定子サロンひいては中関白家の盛栄をも見事なまでにあらわしているのである。

唐の紙と青磁

そのほか、定子が日常、唐物にとり囲まれた生活を送っていたことは、「唐の紙」の用例によってもうかがうことができる。「清水に籠りたりしに」の段では、清水寺に参籠した清少納言に、中宮定子から「唐の紙の赤みたる」に草仮名《そうがな》で歌が書かれた細やかな心遣いの手紙が届けられたとある。「唐の紙」は、中国から舶載された紙で、また、その紙質をまねた和製の唐紙もあったが、ここは前者であろう。

唐の紙について少し詳しく説明すると、広くいえば中国から舶載された紙すべてを指すが、狭義では、北宋から輸入された紋唐紙《もんからかみ》や、具引雲母刷紙《ぐびきうんもずりかみ》とよばれる鮮やかな色彩と雲母刷りを特徴とする紙を指している。主に竹を原料とした紙の表面に胡粉《ごふん》を塗り、さらに唐草や亀甲などの文様を刻んだ版木を用いて、雲母で型文様を摺り出した美しい紙とされる。今日残されている平安の遺品では、舶来の唐の紙が使われたものに、『唐紙本素性集』(本章扉)をはじめ『粘葉《でっちょう》本和漢朗詠集』(図3—1)や『巻子本古今集』、また『本阿弥切《ほんあみきれ》』『寸松庵色紙《すんしょうあんしきし》』などがある。

和製の唐の紙の遺品には、『元永本古今和歌集』や『東大寺切』があり、またそうした和製の唐紙が多く使われた作品で、もっとも名高いものに、国宝の『西本願寺本三十六人家集』(口

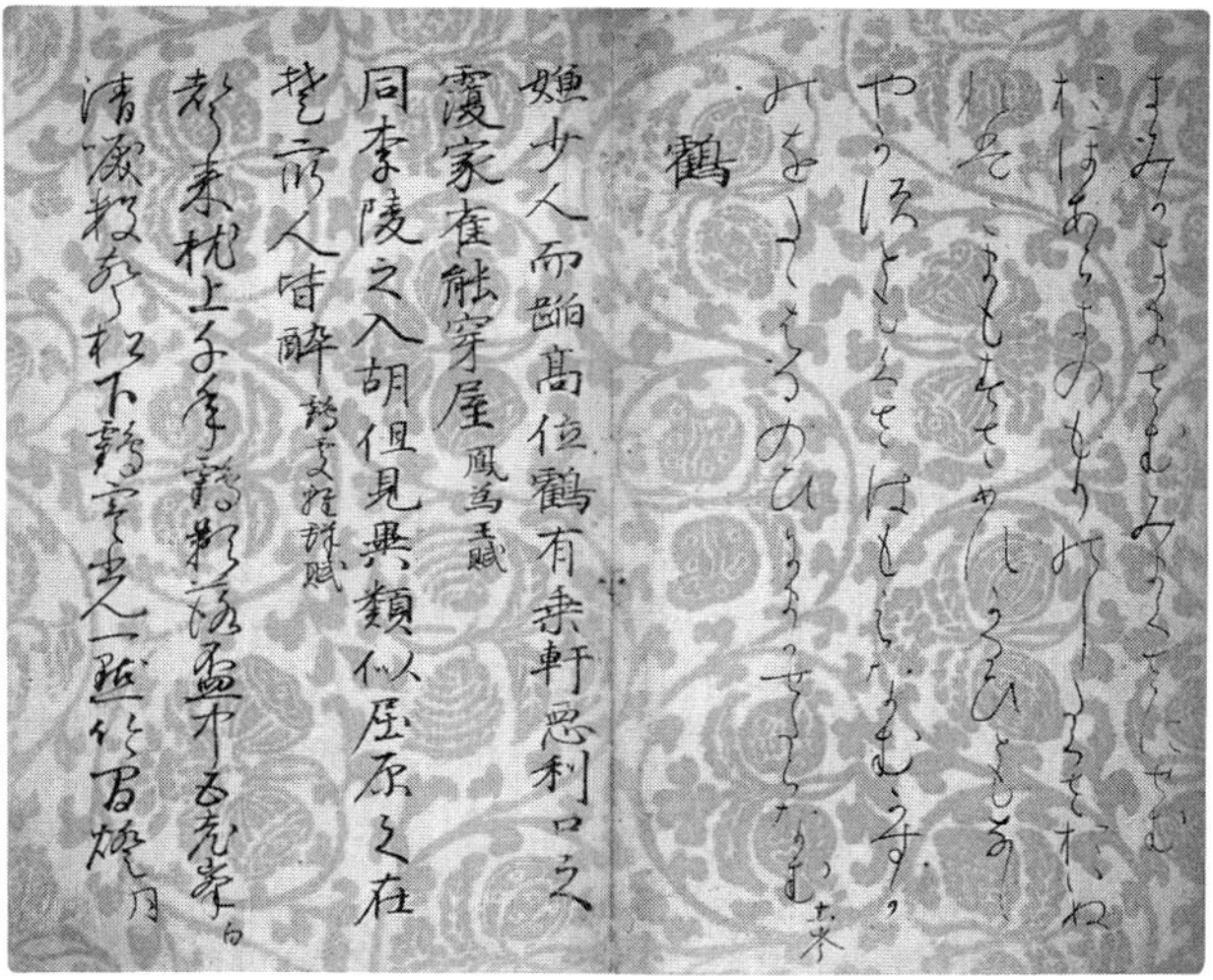

図 3-1　『粘葉本和漢朗詠集』(宮内庁三の丸尚蔵館蔵)

絵7）がある。三十六歌仙の各家集を集成し、白河《しらかわ》法皇に献上したもので、船載の唐の紙も使われていたが、多くは和製の唐紙で、その最高傑作といわれる。

唐の紙の特徴としては色紙、つまり染め紙が好まれたようで、絵・詩歌などを書き、扇面や襖障子に用いた。この定子の手紙の例もそれに該当しよう。『大鏡』伊尹《これただ》伝には、藤原行成《ゆきなり》が一条天皇に献上した扇が、「黄なる唐紙の下絵ほのかにをかしきほどなるに」であったとある。定子が選んだ唐の紙も染め紙であるが、赤味がかった色彩には、定子の華やかさを好む趣味が反映されている。

また「清涼殿の丑寅《うしとら》の隅の」という段では、清涼殿の東北の隅に置いてある

「青きかめ」に、満開の桜が飾られている。そこでの「青きかめ」もさりげない言葉だが、舶来の青磁の瓶であった可能性が高い。青磁は当時、日本ではまだ生産できず、大宰府を経由して中国の越州窯からの輸入品が多かった。その中でも優品とされるのが、前章でみた「秘色」とよばれるもので、平安の宮中や貴族の屋敷で珍重された品であった。したがって、ここの「青きかめ」＝青磁の瓶も越州窯青磁であり、「秘色」の可能性がかなり高いのである。

定子の華やかな正装

さて『枕草子』の「関白殿、二月廿一日に」の段は、定子一族の栄華の中でも、もっとも輝かしい記憶である積善寺《しゃくぜんじ》供養について語る段である。定子の父道隆は、法興院《ほうこういん》の中に積善寺という寺を建立し、正暦《しょうりゃく》五年(九九四)二月に一切経供養をすることになり、道隆一族ばかりか、一条天皇の母である詮子《せんし》女院も来臨することになった。そこで中宮定子も髪上げをし、裳《も》を着けるという最高の正装でのぞむことになる。

その姿は、「中に唐綾の柳の御衣《ぞ》、葡萄染《えびぞめ》の五重襲《いつへかさね》の織物に、赤色の唐の御衣、地摺《ぢずり》の唐の薄物に象眼《ざうがん》重ねたる御裳《も》など奉りて」とあるように、「唐綾」や「唐の薄物」など唐物の上に、禁色《きんじき》(勅許がないと着用不可)である赤色の唐衣を着用したという、善美を尽くした豪華な衣装であった。まさに唐物のブランド性を最大限に活かした目もあやな衣装だったのである。奢侈品である唐物を強調することは、中宮定子をはじめ中関白家の当時の富と盛栄の雰囲気をみごとに伝えている。

ところで、『権記《ごんき》』(藤原行成の日記)には、定子と唐物の関係をものがたる興味深い記事がある。長徳《ちょうとく》元年(九九五)九月に、若狭国に宋人七十余人が交易をもとめて漂着した事件があり、その後、一行は越前《えちぜん》国に移された。そして、その中の朱仁聡《しゅじんそう》という人物から、中宮定子は唐物を購入したらしい。長徳元年といえば、父道隆が四月に病没し、五月には道長に内覧の宣旨が下り、中関白家が坂を転げ落ちるかのように衰運していった転機の年であった。翌年四月には、花山院《かざんいん》に従者が矢を射かけた事件で、定子の兄弟である伊周《これちか》・隆家《たかいえ》が流罪となり、五月一日に定子は衝撃のあまり、懐妊中にも拘わらず落飾。さらに六月八日に定子の里邸である二条の宮が火災にあい焼失する、という悲運に次々と見まわれた年であった。

その十二月に脩子《しゅうし》内親王が誕生し、長徳三年(九九七)四月になって伊周らの罪は赦され、定子はふたたび宮中に迎え入れられ、中宮職の御曹司に住むことになる。定子が朱仁聡から唐物を得たのは、長徳三年以降のことなのか、さかのぼって長徳元年の冬から翌年春のことであったのか、判然としない。ともあれ、中関白家の没落期ながら、中宮としての体裁を整えるためには、なおも唐物が不可欠だったのであろう。

ところが、一行の中の朱仁聡はその後、越前国を離れて大宰府に行ってしまい、代金を持参した中宮定子の使者と行き違い、朝廷に代金未払いを訴えるという一悶着があった。『権記』の長保二年(一〇〇〇)八月二十四日条によれば、事情を尋ねられた定子は、中宮亮《ちゅうぐうすけ》の高階明順《たかしなのあきのぶ》を召して問うように藤原行成に伝えた。

この事件は道長も知るところであり、折から懐妊中の定子の心痛はいかばかりであったか。前年の長保元年十一月に待望の第一皇子である敦康《あつやす》親王を出産したものの、同二年二月には彰《しょう》子《し》があらたに中宮となり、定子は皇后に転じたが、その勢威に押されがちであった。同年の暮、定子が第二皇女の媄子《びし》内親王を出産して崩じたことも、こうした事件をふくめて心労のつもりつもった結果とも考えられる。

『枕草子』は唐物賛美の定子サロンに開花した文学であり、また奢侈品である唐物の品々を強調することで、あえて道隆なき後の中関白家の衰運期の実態を語らず、富と権威と権力がそろった盛栄時代の象徴としたともいえるのである。

それでは、藤原道隆なき後、権力の中枢にのぼった弟の道長の場合はいかがであろうか。

「この世をば　わが世とぞ思ふ」

この世をば　わが世とぞ思ふ　望月《もちづき》の　欠けたることも　なしと思へば

道長の絶頂期に詠まれたこの歌はあまりにも名高い。寛仁《かんにん》二年（一〇一八）三月、道長は三女の威子《いし》を後一条天皇の女御として入内させ、十月には中宮とした。長女の彰子は太皇太后《たいこうたいごう》に、次女の妍子《けんし》は皇太后となり、藤原実資はその日記『小右記《しょうゆうき》』に、「一家立三后、未曽有なり」と驚嘆している。そして威子の立后の日（十月十六日）に道長の邸宅で諸公卿を集めて祝宴が開かれ、道長は「この世をば」の歌を即興で詠んだのである。相対した実資は返歌をせずに、代わりに一同が和してこの歌を詠ずることを提案し、諸公卿はくり返し何度も朗詠したという。時に道長は太政大臣を辞したばかりで、准三宮（太皇太后・皇太后・皇后に准じる）待遇を得ていた。准太上天皇になった光源氏のモデルの一人とされる道長であるが、彼と唐物との関係はどのようなものであったのか。

覇者としての道長が「この世をば」の歌のように栄華の絶頂を感じることができたのは、入内した娘たちのお蔭であったが、道長は娘たちのために必要に応じて唐物を放出している。道長の娘の中宮彰子に仕えた紫式部が残した『紫式部日記』にも、道長が提供した唐物関係の記事がいくつかある。土御門《つちみかど》邸に退出した懐妊中の中宮彰子の女房たちが薫物を調合した際も、道長邸に所蔵された舶来の香木を材料としていた。道長が宮中にもどる彰子に、唐物の羅《うすもの》で表装した三代集の手本を献上したこともあった。

ちなみに道長には唐物そのものを贈与するというより、薫物や書の手本など唐物の加工品を贈るという傾向がある。特に薫物は、姸子の立后や威子の裳着《もぎ》(成女式)など、娘たちの晴の儀式の贈り物となった。道長は、優れた薫物を調合したり、書の手本を作成したりすることで、文化的にも覇者であることを誇示したのである。

しかし、これだけでは、断片的な話にとどまるので、道長の日記である『御堂関白記《みどうかんぱくき》』やその他の記録類から、道長が外交や交易、あるいは唐物の献上や買い上げに関わった例を拾ってみよう。そもそも大宰府を介しての道長と海外の関係はどのようなものであったのか。

道長の書物への愛着

『御堂関白記』の記事をみると、宋船の来航が大宰府の役人を通じて、まず道長に伝えられ、それを天皇に奏上するという例や、大宰府を経由して、天皇の「唐物御覧」の儀式に奉仕し、道長もその裾分けにあずかるという例がある。

たとえば長和《ちょうわ》元年(一〇一二)九月に、宋船の来航が道長に伝えられ、それを三条天皇に奏上している。長和二年(一〇一三)二月には三条天皇主催の唐物御覧があり、宋商の周文裔《しゅうぶんえい》から大宰府経由で献上された唐物を道長は一緒にみて、その裾分けにあずかっている。道長には、錦、綾、紺青、そして丁子、麝香、甘松などの香料が分与された。この時の唐物御覧では、道長のほかにも、皇太后宮彰子、中宮姸子、皇后娍子、東宮の敦成親王に唐物が贈られている。

長和四年(一〇一五)二月には、同じく周文裔が珍獣の孔雀と鵞《が》(がちょう)を献上し、三条天皇の唐物御覧の後、道長に下賜されている。道長は土御門邸で飼育し、卵が十一個産まれたものの、百日を過ぎても孵化せず、といった苦労話もあったようである。

唐物御覧は一条天皇の時代にもあり、寛弘《かんこう》三年(一〇〇六)十月、宋商の曽令文《そうれいぶん》からの献上品を一条天皇がみる儀式がおこなわれた。さらに後日、道長は曽令文から、蘇木と茶碗、そして『五臣注文選《もんぜん》』(文選の注釈書)や『白氏文集』を贈られている。曽令文の来朝は長保元年(九九九)にもあり、今回の来朝は十年も経っていないので追い返すかどうか審議されたが、内裏の火災により唐物が焼失し不足していた時期でもあり、許されることになった。曽令文はこの措置に感謝して、朝廷や道長に対しても献上品を惜しまなかったらしい。

道長が書籍の収集で力を入れていたのは、ほかならぬ『文選』と『白氏文集』で、曽令文が献上した『五臣注文選』『白氏文集』は、道長の趣味にぴたりとかなうものでもあった。道長といえば、とかくやり手の政治家というイメージがつきまとうが、彼はおしなべて書籍の収集に熱心で、漢詩文の造詣も深く、みずから作文会《さくもんえ》(詩文の会)をしばしば主催する文化人でもあった。道長は唐土の文物を多く土御門邸に架蔵し、東アジアの文化潮流にも敏感であったのである。

寛弘元年(一〇〇四)十月には、源乗方《のりかた》から『文選集注』(図3—2)と『元白集』を贈られて、

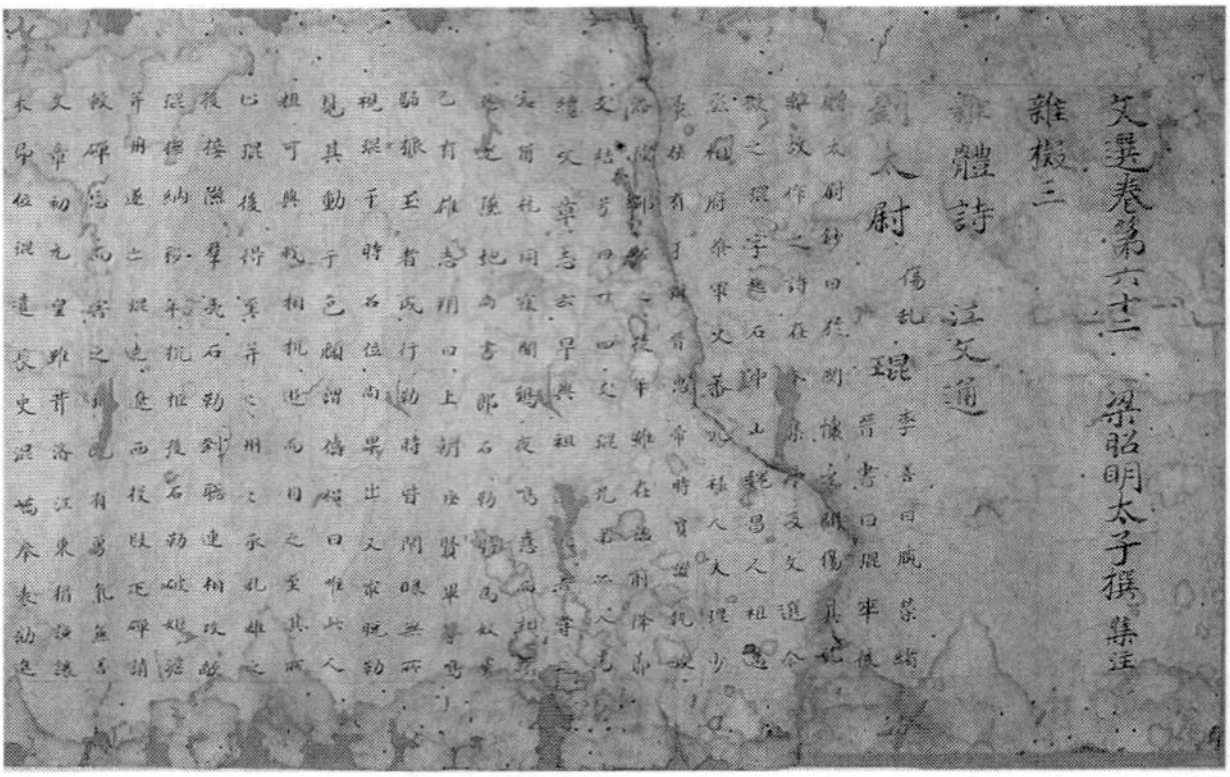

図 3-2 『文選集注』(称名寺蔵，神奈川県立金沢文庫保管)
平安時代

感きわまりない喜びと『御堂関白記』に記している。なお、この時の『文選集注』は、中宮彰子を経て、一条天皇に献上されている。中宮彰子がまだ皇子を産む前であり、舶来の漢籍を一条天皇に贈ることで、学問に関心の深い天皇の心をつなぎ止めようとしたのであろう。

その後の寛弘七年(一〇一〇)十一月にも、新造の一条院に移る一条天皇に、道長は貴重な宋版の摺本の『文選』(図3―3)と『白氏文集』を贈っている。それらが、曽令文のかつての献上品なのか、それとも別のルートで入手したものか定かでないが、摺本とは写本ではなく宋で作られた版本、いわゆる宋版で、日本ではまだ稀少で珍重されたのである。唐物の漢籍が、道長と一条天皇をつなぐ贈与財として有効に機能していたことがうかがわれる。

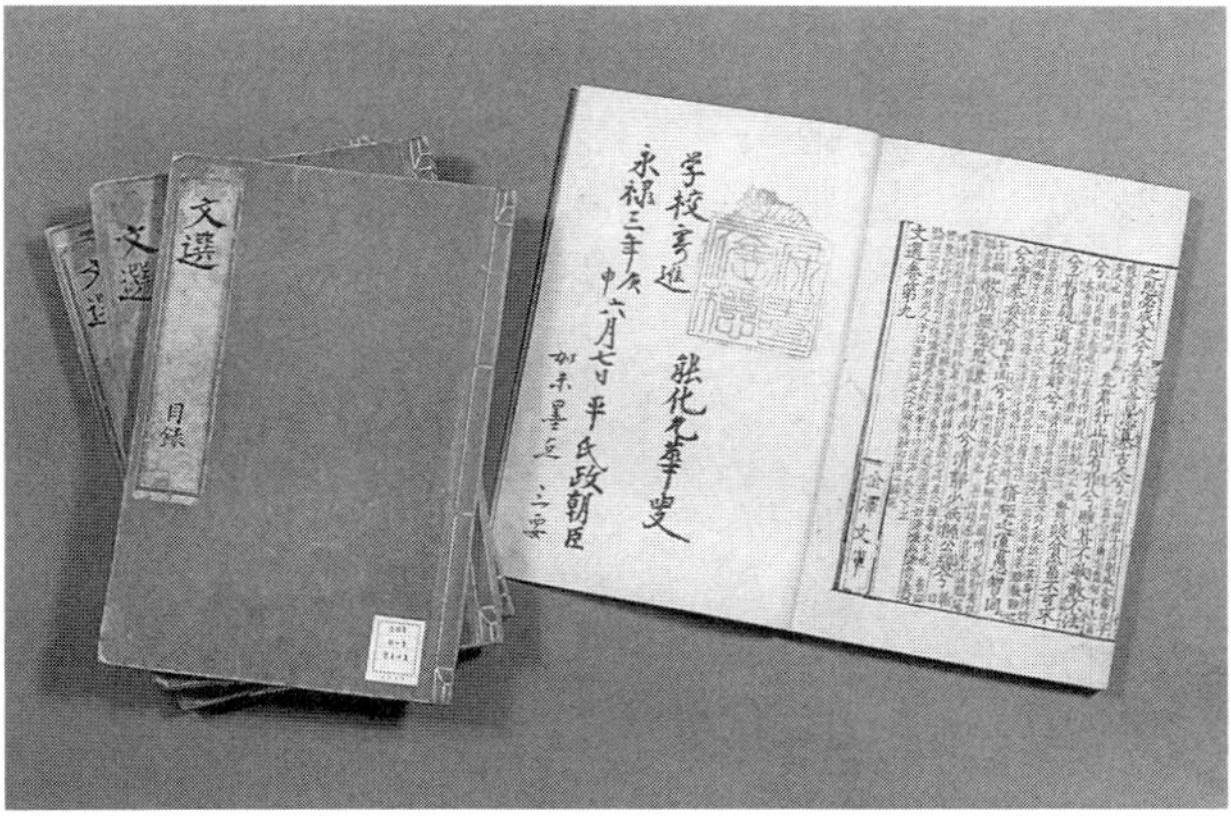

図 3-3　宋版『文選』(足利市教育委員会・史跡足利学校蔵)

なお長和四年（一〇一五）七月にも、唐僧の常《じょう》智《ち》から『白氏文集』を贈られているが、それはあらかじめ道長が希望して贈ってもらった書籍で、道長としては舶載の本を贈られるのを待つだけでなく、積極的に収集していたこともわかるのである。

入宋僧との交流

ところで、『御堂関白記』によれば、道長は長和二年（一〇一三）九月、入宋僧の寂照《じゃくしょう》からも摺本の『白氏文集』を贈られている。宋との正式な国交のない時代に、東アジアの国際交流の担い手として、日本と宋を行き来する商人ばかりでなく、入宋僧の存在も忘れることはできない。『宋史』にその名をとどめた入宋僧の代表が奝然《ちょうねん》と寂照であり、特に寂照は道長との関わりも深かった。

寂照は、長保五年(一〇〇三)に宋にわたり、時の真宗《しんそう》皇帝から円通大師《えんつうだいし》の号と紫衣を賜っている。寂照は宋商人を介して、入宋後も道長と親しく書簡を交わしているのである。当時、天台山大慈寺の再建が計画され、寂照がこれに協力して、寄進をつのるため、弟子の念救《ねんきゅう》を一時帰国させたこともあった。寂照は念救を介して道長に摺本の『白氏文集』や天台山図を贈り、寄進への協力を仰いだのであった。これを受けて道長が寄進のため多くの品々を用意したことが、『御堂関白記』に書き連ねられている。やがて念救は、長和五年(一〇一六)七月に道長の書状や寄進物、仏典購入のための金をたずさえて、宋の寂照の許にもどっている。

『御堂関白記』には、その他にも大宰府の役人から道長へ唐物が献上されたという記事が散見される。眼病の治療のため、みずから希望して大宰権帥《ごんのそち》になった藤原隆家が道長に気をつかって、唐物の香薬を贈る例などである。なかには、亡くなった大宰大弐(藤原高遠《たかとお》)の遺品である大瑠璃壺を道長が巻き上げたことを藤原実資から暴露されるような記事も、『小右記』の長和三年(一〇一四)十二月にみえる。

そのほかにも、『御堂関白記』には寛弘五年(一〇〇八)十二月の「瑠璃酒一盞《さん》・同瓶子《へいじ》」(敦成親王の百日《ももか》儀)、長和元年(一〇一二)五月の「瑠璃壺」(法華八講の折の、彰子の捧物《ささげもの》)、同四年(一〇一五)四月の「瑠璃壺・盃」(禎子《ていし》着袴《ちゃくこ》の儀の酒器)など、晴の儀式に瑠璃のような貴重な唐物が散見される。道長の栄華と豪勢な生活は、大宰府を介して宋と結びつくことでもたらされ、道長の為政者としての権力も文化的権威も、質量ともに充実した舶来品によって支えられていたのである（口絵8）。

実資が残した記録

ところで、道長やその息子頼通に唐物が集中することに批判的であった人物がいる。先にもふれた『小右記』を記した藤原実資である。実資は、藤原北家の嫡流である摂政太政大臣実頼の孫で、実頼の養子となり小野宮家を継いだので、道長親子より家格は上であるという自負が強かった。後に右大臣となり、賢人右府と称されるなど、有職故実への識見でも、一目置かれる存在であった。

実資は、道長の家司《けいし》でのちに大宰大弐となった藤原惟憲《つねのり》について、その目にあまる強欲ぶりを『小右記』でくり返し非難している。この惟憲については長元《ちょうげん》元年（一〇二八）六月に、宋より船載された文殊像を、道長の息子の関白頼通に献上した記事がみえ、やはり道長一族との結びつきが強いことがうかがえる。また同じ年の十月には、惟憲が蔵人所の名を騙《かた》って、宋商から唐物を没収したことが明らかにされている。

その五日後の記事でも、宋商の周良史《しゅうりょうし》が八月に来航したのを、都に報告しなかったことが暴露されている。そもそも宋商の来航の折はただちに朝廷に報告し、そこから朝廷が唐物使を派遣するか、買い上げ品のリストを大宰府に送るかして、先買権を行使する。ところが、惟憲はこれを嫌って、唐物をおのが意のままにするため報告しなかったのである。

さらに実資は、長元二年(一〇二九)七月、惟憲が大弐の任期を終えて、多くの珍宝を携えて帰京した様子について、九国二島の財物や唐物を底を払うがごとく奪い取って、恥を忘れた行為としている。さらに、近頃では富める人物をもって賢者という、とまで皮肉っている。

もっとも実資は、みずからも唐物狂いのところがあり、この非難には天下の政情に照らした公憤ばかりでなく、惟憲から関白頼通にばかり莫大な唐物が流れていくことへの私怨のようなものが混じっていたらしい。惟憲も着任当初は実資に気をつかって、万寿《まんじゅ》二年(一〇二五)十月には唐物の絹や檳榔《びんろう》を贈ってもいるのだが。

実資は、博多の近くに馬を飼育する高田牧《たかだのまき》という荘園を永祚《えいそ》元年(九八九)から領有し、そこを起点として、都の自邸に多くの唐物を運ばせている。実資にとっては道長に対抗して唐物を入手する拠点であった高田牧に、ほかならぬ惟憲が干渉したという説もあり、これが『小右記』に記された惟憲への再三の誹謗につながったらしい。公憤ではなく私怨とした所以である。

ともあれ『小右記』の詳細な記事には、彼がいかに多くの唐物に執着したかが如実にあらわれている。長和二年(一〇一三)七月はじめ、宋船が博多に来航すると、かつての高田牧の牧司であった藤原蔵規《まさのり》が大宰大監《たいげん》になったので、実資も唐物の贈り物にあずかっている。この時は雄黄《おおう》・甘松香・鬱金《うこん》・金青・紫草といった品々である。また同三年（一〇一四）六月に、藤原蔵規や宗像《むなかた》大宮司の妙忠《たつただ》に仲介させて、博多周辺に滞在していた宋の医師恵清《えいしん》から小児用の薬や目薬を買い求めている。

さらに傑作なのは、同じ長和三年二月、内裏の火災にともなって、唐物が盗難にあったことや、やがて蔵人所の関係者が盗んだことが判明する経緯を『小右記』に細かく記した点である。亡くなった大宰大弐の藤原高遠の遺品である大瑠璃壺を、道長が召し上げたことを暴露する先の記事とともに、実資の唐物への関心の高さをうかがわせる。

また実資のもとには、宋船が来航した折ばかりでなく、高田牧から香料（沈香・衣香・丁子等）や唐綾など恒例の進物が届いていた。それらは牧司の宗像妙忠が博多の商人から買い上げていた可能性があるだろう。かつては高田牧に直接来航する宋船が定期的にあり、密貿易がおこなわれていたという説もあったが、最近の歴史学の成果ではむしろ否定されている。

その他にも、万寿四年（一〇二七）十二月、肥前守《ひぜんのかみ》の惟宗貴重《これむねのたかしげ》が唐物を献上したり、長元二年（一〇二九）三月のように、牧司妙忠の仲介で、宋人周文裔が麝香・丁香・沈香などを献上することもあった。

唐物への愛好について、実資と道長を比べてみると、道長が舶来の書籍の収集を重視したのに対して、実資に関してはそうした記事がみられない。実資が執着したのは、むしろ香薬の類であり、人に贈るにしても、そのままの形が多い。道長のように香料を薫物に加工して贈与するあり方とは対照的であった。所有する香料の種類や量の差からそうなったのか、二人の価値観なり文化的能力の差異に由来するのか。ともかくも実資は唐物の香薬に執着し、宋渡来の薬を飲んで健康に注意し、九十歳という当時としては驚嘆すべき長寿を保ったのである。

『源氏物語』の時代

一条朝における唐物について、『枕草子』に描かれた道隆・定子親子や、道長、実資の姿を中心にたどってみると、改めて摂関家と唐物の関係の深さがうかがわれよう。

仁明朝を最後とする遣唐使の時代では、主に書籍を中心とした文物の輸入であり、船載品は朝廷に吸収され、貴族に再分配されていた。交易においても国家が管理体制を敷いて規制力を持っていたのに対して、明らかに一条朝の時代の事情は違っていた。海商たちが交易の利を求めて押し寄せ、摂関家の息のかかった大宰府の役人たちを介して唐物交易が進められていったのである。その結果、朝廷がすべてを管理しえないところで、摂関家に多くの唐物が吸収される構図が生み出されていった。藤原道隆・定子、藤原道長・彰子一族も、まさにそうした状況下で唐物の富を享受していたのである。

それでは、一条朝の文学を代表する『源氏物語』の世界ではいかがであろうか。『源氏物語』における唐物のあり方にも、たしかに摂関家との関わりを思わせる部分がないわけではない。とはいえ、『源氏物語』の世界はより複雑かつ多元的である。

手はじめに梅枝《うめがえ》という巻からみていきたい。この巻は、明石姫君の裳着の準備のために、三十九歳の光源氏が大宰府の大弐から献上された香料や綾・羅《うすもの》を検分するという場面からはじまる。娘の裳着のための薫物や調度を整えようというのである。

大宰大弐が、時の権力者で太政大臣である光源氏に唐物を献上しているのは、摂関家のような貴顕と大宰府の役人とのつながりの深さを想起させなくもない。しかし、光源氏は大弐の献上品に飽きたらず、二条院の倉にあった唐物を取り寄せる。それは「故院の御世のはじめつ方、高麗人《こまうど》の奉れりける綾、緋金錦《ひごんき》どもなど」（故桐壺《きりつぼ》院のご治世のはじめに、高麗人が献上した綾や、緋金錦類など）という品々であった。

ここでの高麗人とは、桐壺巻で七歳の光源氏の人相を観て、不思議な予言をした高麗の相人のことである（図３―４）。高麗人というと、朝鮮半島にあった高麗《こうらい》国を連想するが、じつは一昔前の渤海国の使節の一員を指している。相人は光源氏の並外れた才質を見抜き、桐壺巻で素晴らしい舶来品を贈ったのであり、それが二条院の倉に蓄えられていたのである。渤海国使の最後の来朝は、醍醐《だいご》朝の延喜《えんぎ》十九年（九一九）のことなので、高麗人からの献上品は一条朝より

図 3-4　高麗の相人と対座する光源氏（「源氏物語図色紙貼交屏風」桐壺，三重県立斎宮歴史博物館蔵）

かなり昔の船載品という設定なのである。

　つまり、この場面で光源氏はいにしえの渤海国使との交流の結果である船載品と、その後の大宰府貿易という、『うつほ物語』でもみた二つの交易ルートからの唐物を所有しているわけで、物質的に優位にあることが印象づけられている。

　しかも光源氏は「錦、綾なども、なほ古き物こそなつかしうこまやかにはありけれ」（錦、綾なども、やはり昔の品の方が魅力的で上質であった）と語っていて、それも注目される。大宰大弐からの献上品より、高麗人からの贈り物の方がすぐれているという判断である。古い唐物の方が品質が確かであるということであり、一種の尚古趣味《しょうこ》といってもよい。

　唐物でも、特に唐織物については、後の時代でもしばしばこうした認識がみられる。博多に来航する海商から大宰府の役人が買い取った唐物と、渤海国使の献上品のように、いわば外交の一環として贈るべく用意された舶載品では、後者の方が質的にすぐれているということもあるかもしれない。

さらに、この場面では光源氏が唐物を占有するばかりでなく、人々に惜しげもなく贈り、またその加工品を回収することで、人々との交流がはかられている。大宰大弐から得た綾・羅といった衣料は、仕える女房たちへの贈与品となり、大弐の香と二条院の倉の古渡りの香料は、朝顔の姫君をはじめ、六条院に住まう紫の上・花散里《はなちるさと》・明石の君へ配られたのである。それぞれが薫物を作り、またそれが光源氏の許に回収されることで、人々との風雅な交流のツールとなっていることがわかる。

光源氏は、人と人とをつなぐ贈与財としての唐物の効果を最大限にいかし、人的なネットワークの再構築をはかっているともいえよう。

興味深いのは、こうした光源氏のあり方が、天皇の唐物御覧と分配になぞらえられるという皆川雅樹氏の説である。たしかに大宰大弐から唐物の献上を受ける光源氏は摂関家的であるが、唐物の検分と贈与は、臣下というより天皇の行為に近いものがある。つまり、唐物の所有が天皇と摂関家に二重化された時代をも映し出していると思われるのである。

源氏の女君たちと和漢の構図

次に、『源氏物語』の女君と唐物の関係をみてみよう。おもしろいことに、物語を華麗にいろどる女性たちは、唐物がまつわる人物とまつわらない人物、いってみれば唐物派と非唐物派に分けられるのである。唐物派の代表は末摘花・明石の君・女三の宮であり、非唐物派の代表が紫の上ということになる。

まず末摘花から簡単にみていくと、雪の日に久しぶりに末摘花邸を訪れた光源氏は周囲をまじまじと観察する(末摘花巻)。そこでまず彼が目にしたのは、すすけた着物で寒そうな女房たちが舶来の食器を使いながら貧しい食事をする姿であった。末摘花に出した食事のお下がりを、仕える女房が退出して食べているのであるが、食器だけは光源氏の遠目にも「秘色やうの唐土のもの」を使っているとみえた。前章でもふれたが、これこそ大宰府経由の唐物交易でもたらされた人気商品の越州窯青磁の優品であった。

さらにその翌朝、光源氏は雪明りで末摘花の姿をみて驚愕する。面長で青白く、普賢菩薩《ふげんぼさつ》の乗り物の象(絵)を思わせるかのような長い鼻、しかもその先が赤く垂れ下がった顔、痛々しいまで痩せた体つき、物語は末摘花の醜貌をこれでもかとあばき立てていく。そして光源氏のまなざしは、末摘花の珍妙な装いにまで向けられる。末摘花が着用していたのは「黒貂《ふるき》の皮衣」であり、渤海国からもたらされた貴重な舶来品の毛皮であった。だが雪の日の防寒用とはいえ若い姫君が着るのはいかにも不似合いで、光源氏の度肝を抜くのである（図3―5）。
秘色青磁も黒貂の毛皮もじつは末摘花の父、故常陸宮《ひたちのみや》が持っていた舶載品で、常陸宮家の富と権威の象徴であったであろう。しかし、零落したいまとなっては、そうした品々は末摘花の困窮と古風さをかえって浮かび上がらせるばかりである。

図3-5　黒貂の皮衣（梶田半古「源氏物語図屛風」末摘花（部分），横浜美術館蔵）

一方、同じ唐物派の女君といっても、末摘花とは対照的なのが明石の君である。明石の君の場合は、出自は高くないものの、光源氏との間に明石姫君をもうけた女性で、その聡明な振舞が印象的な人物である。

六条院のあらたな年がはじまる初音《はつね》巻で、光源氏は妻や娘たちのために贈った衣装がはたして似合っているのか、その演出効果を確かめるために、それぞれの部屋を

図 3-6　東京錦の褥(土佐光信「源氏物語画帖」初音，ハーヴァード大学美術館蔵)

訪れ、最後に足を運んだのが、冬の町に住む明石の君の部屋であった。そこで明石の君は「唐《から》の東京錦《とうぎやうき》のことごとしき端《ふち》さしたる褥《しとね》」「琴《きん》」「侍従(香)」「衣被香《えひ》」など、唐物を使った品や唐風の品をたくみな小道具として使って、光源氏を魅了する(図3—6)。

特に唐の東京錦は、『新猿楽記』にもみえる極上の唐錦で、それを縁に使ったという、いかにも豪華な褥である。格の高い「東京錦」の褥が手に入ったのは、父明石入道の財力ゆえであろうか。また、それをさりげなく新春の部屋に置いて琴を乗せて、光源氏を魅了した明石の君の才覚も思うべきであろう。

とはいえ、唐物がまつわる女君の中で、最高級の舶来品で飾られた人物といえば、老いた光源氏の正妻となった女三の宮である。女三の宮が唐猫を飼っていて、その猫が走り出たことで、柏木に垣間みられてしまい、密通のきっかけになった蹴鞠《けまり》の場面はあまりにも有名である。しかし女三の宮と唐物の関わりといえば、話は唐猫にとどまらない。

女三の宮の結婚前の裳着の儀式では、父朱雀院により国産の綾や錦がいっさい排除され、舶来の唐物の綾錦だけで、中国の皇后もかくやと思わせるような最高級の唐風の調度が、輝くばかりに整えられたのである。

そもそも平安時代の調度には、唐風調度と和風調度があり、『源氏物語』の時代は、まさに唐風調度から和風調度へ展開していく転換期にあたる。しかし、もっとも公的で重々しい儀式の折には、唐風の調度が重んじられていた。平安朝の内裏でも、帝が使う公的な晴の儀式の調度は唐風の品を使い、褻《け》の調度は和風という区別があった。

平安時代については、

公(漢)——漢詩・漢字(真名《まな》)・唐絵

私(和)——和歌・仮名・大和絵

といった、公私の世界における和漢の文化の使い分けが説かれることが多いが、唐風の調度もまさに公（漢）の領域に属するものだったのである。

唐物を尽くした調度は、幼稚な女三の宮がやがて光源氏の妻となった時、せめて身の周りの調度だけは素晴らしくして、魅力をますようにという朱雀院の配慮であった。唐物のブランド性を使って、公（漢）の権威性を女三の宮に付与しようとする行為だったわけである。

以上、三人の唐物派の女性たちをみてきたが、これだけでも『源氏物語』の中の唐物が、女性たちの境遇や性格をものがたるアイテムとしても巧みに機能していることがわかるだろう。

薫物は和か漢か

ところで兄朱雀院の女三の宮への配慮に対して、光源氏が娘の明石姫君の裳着の際に整えた品や調度はどうであったのか。やはり唐物を吟味して使うものの、必ずしも公（漢）の権威を押し出すものではないようである。梅枝巻にもどって、光源氏の六条院流ともいうべきやり方を少し丁寧にみてみよう。

前に光源氏が周囲の女性たちに香料を配る場面をみたが、その後、薫物として作ってもらった品々はどのような評価を得たのか。朝顔の前斎院からは黒方香《くろぼうこう》と梅花香《ばいかこう》、紫の上からは黒方香と梅花香と侍従香、花散里からは荷葉香《かようこう》、明石の君からは薫衣香《くのえこう》が届けられた。光源氏も黒方香と侍従香を調香したが、そこに偶然来合わせた光源氏の異母弟、蛍兵部卿宮《ほたるひょうぶきょうのみや》がその判定者になることになった（口絵９）。

薫物合わせをした後、蛍兵部卿宮は結局のところ、黒方は朝顔の前斎院、侍従は光源氏、梅花は紫の上が素晴らしいと、それぞれ三人の顔を立てるような判定を下している。その時に、紫の上の梅花のように、当世風で華やかというものもあるが、黒方は「心にくく静やかなる匂ひ」（奥ゆかしく落ち着いた匂い）、侍従は「すぐれてなまめかしうなつかしき香」（たいそう優美でやさしい香り）とし、花散里の荷葉への評価も「あはれになつかし」（しみじみとして、人をひきつける魅力がある）、明石の君の薫衣香についても「世に似ずなまめかしさをとり集めたる、心おきてすぐれたり」（この世にまたとないほど優美さを集めた出来ばえで、その配慮がすぐれている）とある。つまり、蛍宮の薫物評では、唐物の加工品として目を驚かす贅沢さ、煌《きら》びやかさは影に回り、むしろ〈和〉の美意識というべきものが評価を得ている点が注目されるのである。

『うつほ物語』と『源氏物語』の香り

そもそも薫物の製法は中国からもたらされたものである。前述のように七世紀の唐代では、煉香という練り香が流行し、これが日本の薫物の元祖となった。特に衣服にたきしめる「薫衣香」は、唐直輸入の古い煉香から発達した薫物とされる。前章でもふれた平安末期の香書『薫集類抄』には、唐の地名がついた「洛陽《らくよう》薫衣香」「會昌《かいしょう》薫衣香」といった調合方や、邠王家《ひんおうけ》、長寧公主《ちょうねいこうしゅ》、丹陽《たんよう》公主、姚家《ようか》、唐僧長秀《ちょうしゅう》など渡来の合香のレシピも示されている。

　こうした「唐渡りとしての薫物」のイメージをそのままに活かしているのが、前章でみた『うつほ物語』の世界である。『うつほ物語』に登場する香や薫物は、豪華な贈答用の品であり、唐から直輸入か同じ調合法で作られた薫物、あるいは遣唐使となった祖父の俊蔭がもたらした香で調合したものである。独自の調合がなされたり、それを実際に焚いたりといった例はほとんど登場しない。これに対して、『源氏物語』では、唐物の香や薫物をそのまま用いるのではなく、まず独自の調合によって加工し、そこから「なつかし」といった〈和〉の美意識を引き出すような、より和漢を融合した感覚のあり方がみられるのである。

　前章でもふれたように、『薫集類抄』には、日本の合香の名手たち、仁明天皇をはじめ、その第七皇子である八条宮本康親王、閑院左大臣とよばれた藤原冬嗣などの処方も記されていた。それらの処方から、渡来の合香が和の文化にとりこまれ変容をとげて、四季に応じて使い分ける黒方・梅花・荷葉・侍従・菊花・落葉といった六種《むくさ》の薫物が次々とあらわれたことがわかる。以来、多くの人々が王朝の和の美意識を表現しようと薫物の調合を競ってきたが、『源氏物語』はまさしくその世界を継承している。梅枝巻では光源氏が「承和の御いましめの二つの方」（仁明天皇が考案した二つの処方）を、紫の上が「八条の式部卿の御方」（本康親王の処方）をまねるという、薫物の調合法の由緒来歴を示して、そのブランド性を高めているのである。

舶来の紙の手本

〈唐(漢)〉の素材をとりこみながら、和漢のより融合した文化が再創造されるさまは、薫物のみならず、同じく梅枝巻で光源氏が明石姫君の入内用に、書の手本を作る場面にもみてとれる。光源氏は周囲の人々に書の手本を依頼するが、自身でも寝殿にこもって、唐物の紙を使って見事な調度用の手本をまとめる。その手本は、脇からみていた弟の蛍宮も息をのみ、感涙を禁じえないほどの出来ばえであった。

光源氏の手本では、唐の紙が料紙の中でももっとも格調の高いものとされ、そこに草書(一説には草仮名)が書かれている。手本の中でも、この部分が〈唐(漢)〉の美意識を担っているとみることもできよう。

それに比べて、色合いの地味な高麗の紙は、きめ細かく、より女性的で、平仮名に調和する紙とされている。さらに、紙屋院《かみやいん》(朝廷の紙工場)で作られた国産の華やかな薄手の色紙は、和歌を草仮名で奔放に散らし書きするのにふさわしいとされる。地厚で格調の高い「唐土」の紙、薄手で色彩の華やかな「和」の紙屋紙の中間に、柔らかで色彩の地味な「高麗」の紙が位置している。

梅枝巻の草子作りでは、唐・高麗・和の紙と書体の配合のひねりに、和漢を融和させつつ、新しい美学による調度用の手本を作ろうとする光源氏の心意気が感じられる。先に示した公(漢)—私(和)の図式でいえば、和と漢のモードの間に、光源氏が融通無碍に新しい文化的営為を試みていくさまを描いている、といってもよいのである。同時にここには、唐物に加工をほどこした上で贈ることを好んだ、藤原道長のイメージを感じとることもできるだろう。

「光源氏」にあこがれた人々

梅枝巻の光源氏に、和漢の文化に通じ、それを融和させていくあり方をみてきたが、こうした光源氏像は、後の時代の権力者たちにどのように継承されているのだろうか。

室町期の歴史を専門とする橋本雄氏によれば、通史的にいって権力者の高級調度品は唐物一辺倒でも和物一辺倒でもなく、唐物と和物の絶妙な組み合わせであるらしい。和漢を問わず、新しい文化の統轄者・総覧者たらんとした権力者たちの志向は、平清盛や足利義満が当時から「光源氏」に擬せられていたように、『源氏物語』の世界と響き合うという(『中華幻想』)。たしかに、清盛が作らせた平家納経《のうきょう》や、義満が作らせた北山第《きたやまてい》の室礼《しつらい》は、まさしく唐物と和物を融合させたもの以外の何ものでもなく、その点で彼らは光源氏の継承者である。

特に足利義満は、後小松《ごこまつ》天皇の准父としてふるまい、院をも超える権威をおびて、光源氏さながらの実人生を送っている。義満自身、光源氏の絵合の催しを模倣し、六条院を思わせる北山第を建てている。そして後小松天皇の北山殿行幸において、紅葉賀《もみじのが》巻の再来を印象づける壮麗な青海波《せいがいは》の舞をおこなうなど、『源氏物語』を強く意識し、その華麗な世界の再現をしばしば試みたのであった。

北山殿行幸における室礼では、天鏡閣《てんきょうかく》の会所に本場の中国でさえ滅多にないような珍品の唐物を所せましと並べてみせる一方、寝殿や常御所には和物が飾られて、まさに六条院を模した北山第の内部に和と漢の両空間を作り出し、それを統括する存在として足利将軍の文化的優位性を際立たせたのである。まさしく光源氏は和漢を自在に融和させ使いこなす「文化的覇者」のモデルであり、後代の権力者たちはみずから光源氏たることをめざしたといえよう。

平清盛・足利義満といった武家の権力者の栄華のイメージにもまた、光源氏のあり方が影響をあたえていることは想像にかたくない。光源氏になりたかった男たちといわれる清盛や義満と唐物のドラマを、次章以下でさらに詳しくたどりみていきたい。

第四章

武士の時代の唐物

―福原・平泉・鎌倉―

青磁香炉（称名寺蔵，神奈川県立金沢文庫保管）

平清盛の台頭

この章では、まずは平安末期における唐物の様相をながめてみたい。平安末期といえば、やはり日宋貿易と平家の繁栄が思い浮かぶ。ここではキーパーソンとして、平清盛に登場していただこう。清盛が日宋貿易にいかに深く関わったのか。唐物の関係を解く鍵は、彼とその父の平忠盛《ただもり》の官歴にあると考える。

そもそも平家一族は、父忠盛の時代に院の荘園であった肥前国《ひぜんのくに》神埼荘《かんざきのしょう》(現在の佐賀県)の預所《あずかりどころ》(管理者)として日宋貿易をおこない、鳥羽院《とばいん》に近臣として認められるようになった。『長秋記《ちょうしゅうき》』の長承《ちょうしょう》二年(一一三三)八月の記事によると、宋商人の周新《しゅうしん》が来航し、大宰府の官人と交易したが、そこで忠盛が横槍を入れた。宋船が来航したのは神埼荘であるので、忠盛は大宰府の官人が関与してはならないという下文を作り、それを鳥羽院の院宣と称したという。なお神埼荘は有明海に面した大きな荘園である。

忠盛が日宋貿易に介入したのは、鳥羽院が唐物をはじめ宝物の熱心なコレクターだったので、唐物を献上して、その歓心を買うためであった。忠盛の主張は受け入れられ、鳥羽院の威光をバックに、大宰府と対抗しつつ、平家は積極的に日宋貿易に関与していったのである。

一方、息子の清盛は、海運や交易に関わる重要なポストを歴任することで、日宋貿易に深く関わっていく。清盛は肥後守《ひごのかみ》に続いて、瀬戸内海の要所である安芸《あき》国（現在の広島県）の国守となるが、それは瀬戸内海の制海権を手に入れたことを意味し、後に厳島《いつくしま》神社へ肩入れすることにつながっていく。

父忠盛の死後、清盛は氏《うじ》の長者となり、保元《ほうげん》の乱で勝利して播磨《はりま》守となり、さらに大宰大弐になったことで、日宋貿易の中心に位置することになったのである。当時、大宰大弐は現地に赴任しないのが慣例になっていたが、貿易の利権だけは享受していた。後白河院の千体新阿弥陀堂の造営も、清盛が大宰大弐としての財力により請け負ったものであった。やがて清盛は参議を経て、内大臣そして太政大臣と、権力の中枢に上りつめていく。

清盛と『源氏物語』の明石一族

ところで、清盛をはじめとする平家一族の栄華は、高橋昌明氏により『源氏物語』のとある一族に擬えられているが、誰だかおわかりだろうか。その答えは明石一族である。出家した清盛は明石入道に重なり、国母《こくも》となった中宮徳子《とくこ》は、明石の君と明石の女御《にょうご》（中宮）の両者を兼ねた役割ということになる。そもそも清盛と明石入道は、播磨守という官歴でも共通している。

明石入道は大臣の息子で近衛中将だったが、出世街道から外れたため、中央での官途に見切りをつけ、みずから志願して播磨守となった。そして財を成したが、退任後も都にもどることはなく、愛娘の明石の君を光源氏と結婚させて、その財力で後援した。

前章でみたように、明石の君が東京錦《とうぎょうき》の褥(初音巻)のような破格な唐物を所有しているのも、博多と都の中継地である明石という地の利を活かして、入道が最高級の唐物を収集していたという設定であろう。明石入道の富の基盤に、播磨守という官歴と、そこで得た舶載品があったことは、清盛と共通するのである。

一方、その後の清盛がたどった参議から内大臣そして太政大臣という官歴は、『源氏物語』の光源氏と重なっている。高橋氏はまた、清盛はむしろ自身を光源氏に擬していたという可能性を指摘し、白河院の落胤とされる清盛が太政大臣を経験した点など、共通点を挙げている。

たしかに平家一族は『源氏物語』を意識し、源氏文化をとりこむことで、武家でありながら摂関家や院をも凌ぐ文化的覇者たらんとしていたふしがある。中宮徳子のサロンに二十巻の「源氏物語絵巻」があったことや、後白河法皇の五十賀で平重盛の子維盛《これもり》が青海波を舞い、光源氏の再来とされたことなど、その証左は枚挙にいとまもない。近衛中将のポストを捨てて播磨守になった明石入道は都に返り咲く夢をいだいたにせよ、実現することはなかったが、清盛はその見はてぬ夢を実現し、明石入道と光源氏の人生をみずからの官歴で架橋してみせたのである。

もっとも明石入道が財と地の利を活かして、船載品を買い漁ったという設定をはるかに超えて、清盛は日宋貿易を積極的に展開していく。以下、さらにその貿易の実態に迫っていくことにしたい。

福原での日宋貿易

清盛は、応保《おうほ》二年（一一六二）、福原にある摂津《せっつ》八部荘を手に入れ、大輪田泊《おおわだのとまり》の改修にとりかかる。嘉応《かおう》二年（一一七〇）九月には宋人が福原をおとずれ、後白河法皇は清盛の勧めで宋人に謁見するため、福原に下向した。これは宇多天皇の『寛平御遺戒《かんぴょうのごゆいかい》』（譲位の際に新帝の醍醐天皇に残した訓戒）で、天皇が異国人と直接対面することはタブーとした戒めを破る行為であった。九条兼実《くじょうかねざね》は『玉葉《ぎょくよう》』で「我が朝、延喜以来、未曽有の事なり。天魔の所為《しょゐ》か」と仰天し、非難している。

ここで「延喜以来」とあるのは、醍醐朝の延喜年間から外国との正式な国交を断ってきた歴史をいうが、その背景には唐の滅亡による東アジア世界の混乱が日本におよぶことを避ける意味があった。また異国人に対して、穢《けが》れの対象として忌嫌する観念も生まれ、その根拠として『寛平御遺戒』が遵守されたのである。要するに、たとえ譲位したとはいえ、後白河法皇が宋人と会うことは、まさに『寛平御遺戒』以来の国のスタンスに反する行為であった。

図 4-1　宋船模型（福岡市博物館蔵）
制作　蓮尾正博

つづいて承安《じょうあん》二年（一一七二）九月には、宋の皇帝から後白河法皇と清盛宛に供物が送られてきた。ところが、後白河法皇への目録には「賜日本国王」と記されていたことから、公卿の間で論議がおこった。日本国王＝後白河法皇に「賜」というのは無礼であり、公卿の間では供物は返却し、返牒（返事）は不要との意見が大勢を占めたのである。しかし清盛は翌年三月に、供物が美麗であることを称えた返牒と返礼の鎧と刀を送り、後白河法皇からは砂金百両が送られた。

これを機に日宋貿易は拡大しはじめ、ついに宋船（図4—1）が瀬戸内海にそのまま入ってきて、大輪田泊で直接、交易するようになる。古代より大宰府の出先機関である博多の鴻臚館やその周辺で交易をおこない、瀬戸内海に外国船が入ることを禁じていた慣例からすれば、前代未聞なことであった。それは大宰府の役人の利権を骨抜きにして、平家が日宋貿易をダイレクトに管理する時代が到来したことを意味する。治承《じしょう》四年（一一八〇）の福原遷都は、この貿易利権なしにはありえなかっただろう。この頃すでに清盛は「唐船」とよばれた宋の大船を数艘入手して乗船していたが、福原遷都の直前には、これを使って高倉《たかくら》上皇と安徳《あんとく》天皇の厳島行幸を実現している。

「楊州の金、荊州の珠……」

こうして拡大した日宋貿易の収益は、荘園・知行《ちぎょう》国からの収入とともに、平家一族の大きな財源となった。そのことは『平家物語』巻一の一節が証している。

日本秋津島《にっぽんあきつしま》は、纔《わづ》かに六十六箇国、平家知行の国、卅余箇国、既に半国にこえたり。（中略）楊州《やうしう》の金、荊州《けいしう》の珠、呉郡《ごきん》の綾、蜀江《しよくかう》の錦、七珍万宝《しつちんまんぽう》、一つとして闕《か》けたる事なし。歌堂舞閣《かたうぶかく》の基《もとゐ》、魚竜爵馬《ぎよりようしやくば》の翫《もてあそび》もの、恐らくは帝闕《ていけつ》も仙洞《せんとう》も是《これ》には過ぎじとぞみえし。

（日本は、わずか六十六カ国のうち、平家一門が知行するのが三十余国、すでに半国を超えていた。〔中略〕楊州の黄金、荊州の珠、呉郡の綾、蜀江の錦、七珍万宝のひとつとして欠けたものはなかった。歌舞を奏する楽堂、そこで催される種々の技芸、宮廷も上皇御所も、この賑わいにはかなうまいと思われるほどの栄華の様子であった。）

この条の前半では、平氏の知行国が全国の半分にも達し、強大な勢力を誇ったことを、後半は楊州の金をはじめ、日宋貿易が平氏に巨万の富をもたらしたことを明らかにしている。ここでの「帝闕」は朝廷、「仙洞」は上皇を指し、平家が「七珍万宝」とよばれた船載品の蓄積において、朝廷や上皇をも凌駕したであろうと推測しているのである。

ところで「楊州の金、荊州の珠、呉郡の綾、蜀江の錦」は、それぞれ『書経』や『唐書』など古い典拠のある、文飾をこらした表現である。楊州は江南地方に位置し、隋の煬帝《ようだい》がめでて離宮を建設するとともに、巡幸のために運河を建設し、海上交通の要となった。唐代には楊州は国際的な港となり、交易で栄えた。「楊州の金」については、古くは五経のひとつである『書経』「禹貢《うこう》」の条に金の産地とある。

荊州は湖北地方にあり、『三国志』の舞台としても知られるが、同じく『書経』「禹貢」に珠の産地と記されている。呉郡は江蘇《こうそ》地方にあり、『唐書』の韋堅《いけん》伝に綾の産地とする。蜀江は四川《しせん》省で、錦の名産地である。「蜀江の錦」は三国六朝時代から唐・宋・元・明に至るまで生産され、奈良時代から日本にもたらされた。

つまり「楊州の金、荊州の珠、呉郡の綾、蜀江の錦」とは、歴史的根拠のある船来品のリストということになるが、これは実際にこれらのものを平氏が得たというより、平家一族がいかに日宋貿易によって最高の唐物を多く蓄財したかを意識して語りなした表現ではなかったか。

当時、日宋貿易で取引された品物は、輸入品は錦・綾などの織物、陶磁器（図4―2）、文房具、書籍、香料、染料、高麗人参、紅花《べにばな》などであった。平氏が得たこれらの唐物は、安元《あんげん》三年（一一七七）三月の千僧供養の際のように、福原での法会に出た僧侶たちへの引き出物となり、また珍品は法皇や天皇に献上されたのである。早くは仁安《にんあん》三年（一一六八）、高倉天皇が即位した折の大嘗会で唐錦が足りなくなった時、清盛とその娘の盛子《もりこ》に助けを求めたエピソードもあった。つまり平氏の日宋貿易の独占によって、皇族でさえも必要な唐物を平家一族に依存せざるをえなくなっていったのである。

図4-2　祇園遺跡出土　玳玻《たいひ》天目碗（神戸市教育委員会蔵）日宋貿易の出土品

また輸入品の中でも特筆すべきは、当時、宋銭（図4―3）が多量に輸入され、それが貨幣として流通し、社会を支えていたことである。もっとも清盛が推進した宋銭の流通は、都の旧貴族層の反発を招いてもいる。治承三年（一一七九）六月、流行病がはやった際には、物価高騰もあってか、これが宋銭の流通によって引き起こされた「銭の病」といわれ、非難された（『百練抄』)。

清盛はそうした物価高騰に対して、物価統制法である沽価法《こかほう》を取り入れた新しい制度を採用し、対応しようとしている。しかし九条兼実は、宋銭は本朝で発行した貨幣ではなく、私鋳《しちゅう》銭(贋金)と同じであると批判して、宋銭流通を禁ずるように主張している(『玉葉』治承三年七月条)。

『平家納経』と『太平御覧』

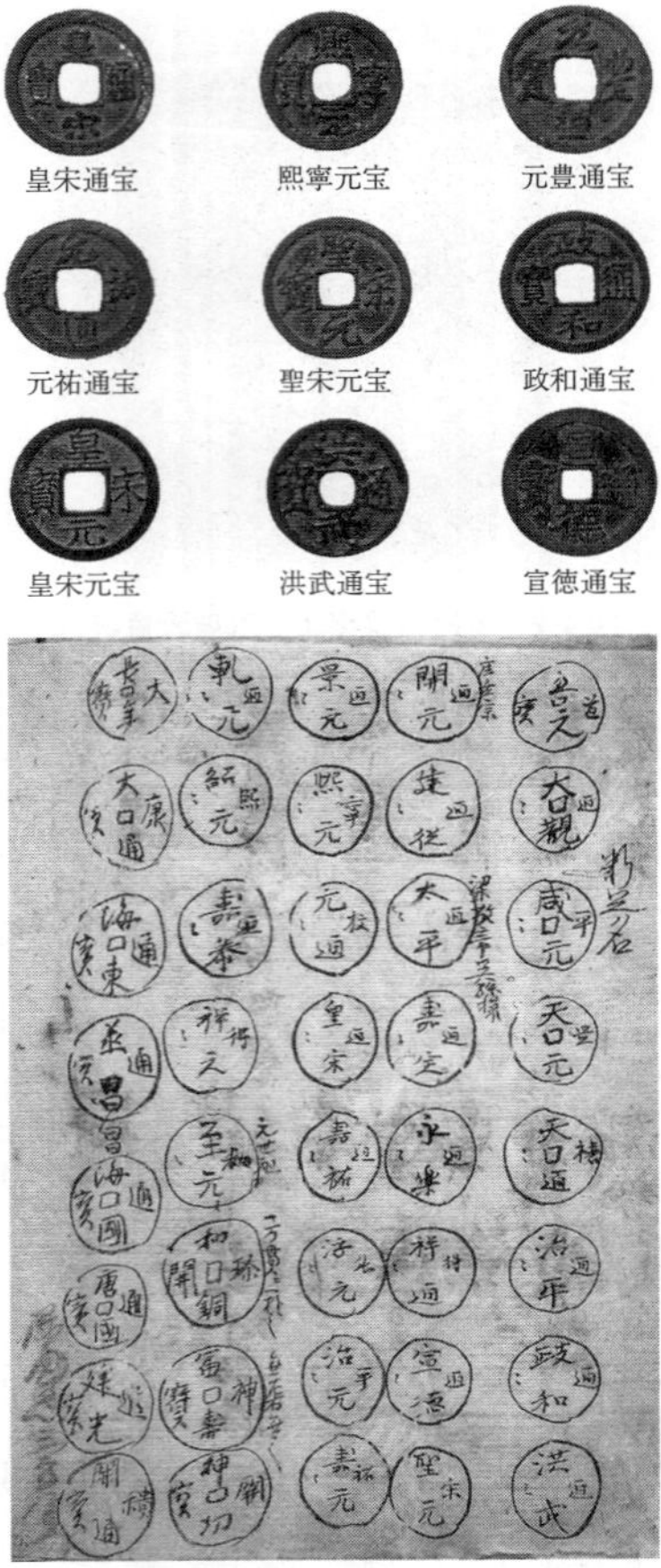

図 4-3 (上)宋銭(日本銀行金融研究所貨幣博物館蔵)**(下)銭貨図**(国立公文書館内閣文庫蔵,図版提供・国立歴史民俗博物館)

平家一族と唐物の関係について、『平家物語』以外にも視野を広げてみよう。平氏の栄華を象徴する品といえば、誰もが思い浮かべるのが、厳島神社に奉納された国宝の『平家納経』であろう。長寛《ちょうかん》二年（一一六四）の九月、清盛は内大臣に就任する二年前に、一門の栄達を感謝し、来世の冥福を祈るため、厳島神社に装飾経を奉納した。内容は『法華経』二十八巻、『無量義《むりょうぎ》経《きょう》』『観普賢経《かんふげんきょう》』『般若心経』『阿弥陀経』各一巻と、清盛の『願文《がんもん》』を加えた全三十三巻であった。

いずれも五彩の料紙に金銀の砂子や切箔がちりばめられ、見返しには優美な大和絵や唐絵が描かれており、軸首には水晶・乾漆などが使われている。当時の工芸技術の粋を尽くした華麗な装飾経だが、その表紙や見返し絵に使われた顔料は、すべて舶載品であった。また『法華経』の中の『提婆《だいば》品《ほん》』の題簽《だいせん》は、舶載品の瑠璃でできていたという。まさに王朝文化の精華といわれる『平家納経』の華麗な美も唐物によって支えられていたのである。

しかし、平氏の唐物にまつわる、より著名なエピソードといえば、舶載された『太平御覧《たいへいぎょらん》』をめぐっての話である。『太平御覧』とは、宋の太宗《たいそう》が、李昉《りほう》らに命じて編集させたもので、九八三年に完成した中国の一大類書、いわば大百科事典である。千巻に及び、天、地、皇王、州郡、封建、職官、礼、楽、道、釈から四夷、疾病、妖異、動植物に及ぶまで、五十五部門、五千項目を列挙するという。宋朝では長らく禁書となって、国外に持ち出されていなかった。

ところが治承三年（一一七九）、来航した宋船が『太平御覧』の宋版の摺本（図4―4）三百冊をもたらしたので、清盛は早速、購入したのである。そして副本の写本を作った上で、元本を内裏に献上しようとした。おりしも同年暮の十二月十六日、二歳の東宮（翌年即位して安徳天皇）が清盛の西八条第に行啓したので、その内の三帖を美麗に包んで献上した。包んだ布は浮線綾《ふせんりょう》で、裏が蘇芳をぼかし染めにした品で、唐物であった可能性も高い。しかも、それに玉をつけ、銀の枝につけるという善美を尽くしたものであった。

そもそも、この治承三年という年は、清盛にとって激動の一年であった。六月の宋銭の「銭の病」騒動に加えて、八月には後白河院とのパイプ役であった長男の重盛が死去している。その直前には関白の藤原基実《もとざね》の後妻であった娘の盛子が死去し、平家が預かっていた摂関家領を後白河院が没収することになった。後白河院と何かと衝突を重ねた清盛は、ついに十一月に蜂起し、後白河院を鳥羽離宮に幽閉し、院政を停止させた。つまり平氏政権がまさに成立した直

太平御覧巻第九百九十二
薬部九
款冬 芫華 羊躑躅 旋華
黄芩 恒山 蜀漆 燕薁
秦皮 枳實 防風 大黄
石斛 半夏 射干 蓮草
牛膝 牡丹 茵芋 獨活
紫威 大戟 栝樓
地膚 貝母 海藻 豕首
敗醬 綸布 石龍芮
蛇床 雲實
款冬

図 4-4 『太平御覧』の宋版の摺本
（宮内庁書陵部蔵）

後に、この『太平御覧』が献本されたのであった。

しかも、それは前章でみたように、寛弘七年(一〇一〇)十一月、一条天皇が新造の一条院に移る際に、藤原道長が摺本の『文選』や『白氏文集』を献上した先例を、清盛が意識した上でのことであった。清盛が自身の権威の先例を絶頂期の道長にみていたことをうかがわせる興味深いエピソードである。

道長自身、家司クラスを大宰府の大弐などのポストに送りこみ、『文選』『白氏文集』など書籍のみならず、香料・瑠璃壺・唐の綾錦など、最高級の唐物を献上させていたことは、先にみた通りである。道長の為政者としての権力も文化的権威も、朝廷を凌駕する、質量ともに充実した舶載品によって支えられていたのである。

先に『源氏物語』との一致にふれて、清盛が自身を光源氏に擬していたという可能性を示唆した高橋昌明氏の説を紹介したが、いずれにしても清盛が先例や規範と仰いだのが、摂関時代の最盛期の権力者であったことは興味深い。貴族文化の象徴である装飾経を『平家納経』のような形で残して、舶来品の書籍を道長のように献じた清盛。道長も『源氏物語』の光源氏も、権力保持のためには文化的な権威づけが必要であり、そのために唐物を有効に活用したが、清盛が武家の棟梁から文化的覇者になるためには、さらに大きなハードル越えが課せられていた。平家一族にとって、日宋貿易で得た唐物の富は、経済的な基盤であったばかりか、旧貴族層や上皇をおさえて平氏政権を樹立し、文化的覇者となるための必須の糧だったのである。

もっとも平氏政権の樹立は、よく知られるように、そのまま平家滅亡のストーリーの幕開けであった。翌治承四年(一一八〇)は、当初、二月の安徳天皇の即位、三月の高倉上皇・安徳天皇の唐船による厳島行幸と慶事がつづいたが、五月には以仁王《もちひとおう》の乱が起こり、さらに反平氏勢力の蜂起が全国規模で起こっていく。思えば舶来品の『太平御覧』の献上は、平家の栄華にとって最後の光芒の一齣《ひとこま》であったともいえよう。

しかし、その約八十年後、文応《ぶんおう》元年(一二六〇)に『太平御覧』を購入した内大臣の藤原師継《もろつぐ》の日記、『妙槐記《みょうかいき》』には、『太平御覧』は清盛がはじめて購入して後、次々と宋人が招来し、当時多くの知識人が愛読している旨が記されている。知のエンサイクロペディア、世界を書物に凝縮した『太平御覧』を買い上げた平清盛の開明性は、後の時代にも貢献したのである。

世界遺産・平泉と唐物

ここで平氏の日宋貿易とほぼ同時代の出来事として、奥州藤原氏と唐物のつながりについて少しみておきたい。世界遺産に指定された平泉にも唐物は密接に関わっていたのである。

そもそも日宋貿易を支えた資金源は、奥州の金であった。奥州藤原氏から都に献上された金が、平氏の日宋貿易の盛栄を可能にしたのである。しかし奥州藤原氏は、平氏の日宋貿易を支えたばかりか、産出された豊富な金を元手に、初代の清衡《きよひら》の時代から独自の交易ルートを展開して、唐物を平泉に吸収してもいた。

清衡は奥羽の道路を修復し、先人たちの拓いた海路を整備して、津軽から出羽の港を改築した。この北方のルートにより、宋や金とも交易ルートがあったという説もある。また別に、都を介さずに、宋から博多を経て直接、唐物を入手する海上ルートもあり、陶磁器、貴木や香料などを買いつけていた。

図 4–5　白磁水注(平泉・志羅山遺跡出土，国(文化庁)保管)

柳之御所《やなぎのごしょ》遺跡は、平泉館《ひらいずみのたち》とよばれる政庁跡とされるが、そこからは国産の品のみならず、宋からの白磁四耳壺《はくじしじこ》をはじめ、舶来の陶磁器が大量に出土している。白磁四耳壺は、博多以外ではほとんど出土していない稀少な輸入陶磁器の優品で、奥州藤原氏が直接、博多の宋商人から買いつけていたことをうかがわせる。

平泉の出土品は、白磁が七割を占め、青磁・青白磁が一割程度であり、白磁では、水注(図4―5)や皿、碗などもあるが、壺の比率が高いところに、その特徴がある。それは宴席などで、舶載の壺が威信財として並べられたからであり、唐物を威信財としてならべる中世の先駆けという説もある。平泉に集まった北方の有力者たちに、宴席で白磁とかわらけ(素焼の器)と常滑《とこなめ》・渥美《あつみ》の壺のセットが下賜されたことも、北方の発掘品から判明している。

平泉では清衡が中尊寺《ちゅうそんじ》、基衡《もとひら》が毛越寺《もうつうじ》、秀衡《ひでひら》が無量光院《むりょうこういん》と大規模な寺院を次々と建立し、まさに仏教王国ともいうべき様相を呈したが、その建立には唐物も黄金とともに深く関わっていた。中尊寺の金色堂七堂の螺鈿には、奄美大島の南でしか取れない夜光貝が使われ、須弥壇《しゅみだん》には紫檀に象牙の装飾がほどこされるなど、唐物がふんだんに使用されている。そもそも中尊寺や毛越寺が、宋や高麗などにみられる造寺の東アジア様式を採っていたという説もある。中尊寺に残る文殊菩薩騎獅像《もんじゅぼさつきしぞう》も日本に残る十二世紀唯一の宋風彫刻とされ、平泉文化のいわば国際性を示している。

中尊寺金色堂には黄紙の宋版一切経が収蔵され、現存しているのは二百十帖にすぎないが、その朱印から明州(のちの寧波《ねいは》)の吉祥院にあったものであることが判明している。宋版一切経が、当時を代表する交易港である明州から博多を通り、さらに平泉にもたらされたのである。奥州藤原氏は一切経七千巻を輸入するにあたり、十万五千両もの大金を投じたという伝説すらある。いまは庭園だけしか残っていない基衡の毛越寺も、創建当時は金銀や紫檀・赤木を贅沢にもちいた豪華な寺院であった。宇治の平等院に倣ったという秀衡の無量光院も同様に豪奢な作りであっただろう。

『吾妻鏡』の記事

しかし、秀衡なき後、平泉もまた一気に衰亡の途をたどる。源頼朝に追われた義経は奥州に逃げ、ふたたび平泉に匿われていた。秀衡は鎌倉からの義経の引きわたし要求を拒んできたが、秀衡の死後、息子の泰衡は頼朝の要求を拒みきれなかった。文治《ぶんじ》五年(一一八九)閏《うるう》四月、泰衡は義経を自殺に追いこんで、義経の首を頼朝に引きわたした。しかし頼朝は許さず、同じ年の七月、義経を長らく匿っていたことを罪状として、奥州に出兵する。鎌倉勢が平泉に入ったのは、八月二十二日。北に逃げた泰衡は贄柵《にえのさく》(現在の秋田県大館《おおだて》市)において家臣の造反により殺害され、奥州藤原氏は滅亡した。

頼朝の奥州出兵により、毛越寺、無量光院の大伽藍も焼失してしまう。世界遺産に指定された平泉で今日、往時の栄華の面影をとどめるのは、中尊寺の金色堂や毛越寺庭園、紺紙《こんし》金銀字経などわずかにすぎない。

『吾妻鏡《あずまかがみ》』文治五年八月の記事によれば、頼朝が平泉に到着した折、すでに平泉館は逃走する泰衡の命により火が放たれて、わずかに高屋《たかや》とよばれる倉がひとつ残るばかりであった。頼朝がその倉の中を検分させたところ、「沈香・紫檀」以下、唐木の厨子《ずし》が数脚あった。その厨

子の中に納められていたのは、

牛王《ごわう》、犀角《さいかく》、象牙の笛、水牛の角、紺瑠璃の笏《しやく》、金の沓《くつ》、玉幡《ぎよくばん》、金の花鬘《けまん》、蜀江錦の直《ひた》垂《たれ》、縫はざる帷《とばり》、金造の鶴、銀造の猫、瑠璃の灯炉、南廷《なんてい》(上質の銀)白、等なり。其のほかに、錦、繡、綾、羅。

と数え切れないほどであったという。そこには金銀加工品の他、犀角、象牙の笛、水牛の角など南海の交易品、紺瑠璃の笏、蜀江錦など舶載の奢侈品が多くふくまれていた。それらを納めた沈香・紫檀の厨子も舶来品であった。平泉館の倉はひとつではなかったはずで、もしすべての財宝が残っていたならば、こうした極上の唐物の総量はいかばかりであったか。

武士が着用する直垂に仕立てられた蜀江錦といえば、先にみた『平家物語』の「楊州の金、荊州の珠、呉郡の綾、蜀江の錦、七珍万宝、一つとして闕けたる事なし」の条が思い浮かぶし、ほかの品々は、第二章でみた『新猿楽記』の唐物の条と重なるものも多い。『新猿楽記』で唐物を扱っていた商人の首領である八郎真人《はちろうのまひと》は、俘囚《ふしゅう》の地(奥州)から、鬼界《きかい》が島まで広く活動をしていた。八郎真人が扱う本朝(日本産)の商品の最たるものは、奥州の金であった。

そのほか、中尊寺の金色堂に使われた夜光貝も、「夜久《やく》の貝」として、水晶や琥珀とともに、八郎真人が扱う本朝の品としてみえる。奥州の藤原氏は金を対価材として、八郎真人のような交易商人が扱う唐物や本朝の品を獲得し、平泉の地に都から独立した仏教の文化王国を築き上げたのであった。

鎌倉将軍と北条一族

さて平泉を滅ぼした鎌倉幕府と唐物の関係は、どのようなものであっただろうか。じつは鎌倉時代の初期に将軍家と唐物の関係を示す記録はそれほどあるわけではない。

同じく『吾妻鏡』によれば、文治元年(一一八五)十月、九州から帰還した源範頼《のりより》は、平家から奪った唐物の中から、後白河法皇には唐錦・唐綾絹羅・南廷・唐墨・唐莚《むしろ》・茶道具を、頼朝・政子夫妻には、唐錦・唐綾・南廷などを献上している。しかし、質実剛健を旨とする頼朝・政子夫妻がそれらを喜んだかどうかは定かではない。

なお二人の次男である源実朝は、渡宋のために唐船を造らせたことでも有名である。建保《けんぽう》四年(一二一六)六月、宋の陳和卿《ちんなけい》が鎌倉を訪れ、実朝に対面し、実朝の前世が宋の医王山《いおうざん》の長老であったと告げた。同じ年の十一月、実朝は急に渡宋を思い立ち、陳和卿に命じて唐船を造らせている。翌年の建保五年四月、実朝は完成した唐船を由比の浜から海に向かって曳かせるが、船は浮かばなかったと『吾妻鏡』は伝えている。しかし、これらは断片的な記録ばかりであり、源氏の将軍家が平氏ほど積極的な貿易政策を取ったとはいいがたい。

ところが、嘉禄《かろく》二年(一二二六)、出羽国の御家人《ごけにん》であった武藤資頼《むとうすけより》が大宰少弐に任ぜられてから、鎌倉幕府が九州での交易を支配する時代となった。さらに鎌倉後期ともなると、執権の北条氏が博多から鎌倉への海路を掌握した。また鎌倉の禅宗の寺院を通じても、大量の唐物が鎌倉に集まるようになり、鎌倉に唐物ブームが起こったのである。そのため物価が上昇したので、幕府は建長《けんちょう》六年(一二五四)、入港する唐船の数を五艘に制限したが、その制限は守られず、唐物は流入しつづけたという。

元寇《げんこう》とよばれる文永《ぶんえい》の役(一二七四)・弘安《こうあん》の役(一二八一)の後も、日本と元との交易は盛んであった。そもそも文永・弘安の役は、高麗を介して朝貢を求めた元に対して、日本がこれを拒否しつづけた結果、起こったのである。元側はもともと日本との通交を望んでいたのであり、元寇の前後も民間レベルの交易への管理はゆるやかであった。日宋貿易の繁栄を受けついだ日元貿易は依然としてつづけられ、むしろ活発化していたのである。

それどころか十四世紀前半になると、寺院や鎌倉大仏の造営費を作るため、鎌倉幕府も「寺社造営料唐船」(勧進船《かんじんせん》)を盛んに派遣するようになる。一九七五年には韓国南西岸の新安《シナン》郡の道徳島沖で沈没船が発見され話題となったが、その沈没船も寺社造営料唐船にほかならなかった。

沈没船は語る

新安沖の沈没船は、元亨《げんこう》三年（一三二三）六月頃に、中国の慶元（寧波）を出港し、博多へ向かった船であった。船の長さは三十メートルあまりで、八個の船倉に区分されたジャンク船とよばれる中国式の外洋船である。引き上げられた木簡には、京都の東福寺《とうふくじ》や博多の筥崎宮《はこざきのみや》などの名前があり、東福寺は元応《げんおう》元年（一三一九）、筥崎宮は延慶《えんきょう》三年（一三一〇）に火災に遭っていて、その復興の資金を得るための造営料唐船だったという。その他、商人や僧侶名のものも多数あって、多くの人々が資金を出し合っての寄合船でもあった。

九年に及ぶ調査で引き上げられたのは、一万八千点をこえる陶磁器、八百万枚の銅銭（二十八トン）、千本あまりの紫檀材、青銅杯など驚異的な量で、当時の日元貿易の実態をまざまざと示している。特に主要な積載物であった陶磁器は、龍泉窯《りゅうせんよう》の青磁が六割近くを占め、景徳鎮《けいとくちん》の青白磁、白磁がそれにつづく（図４―６）。これらは商品の品質が良い上に、破損が少なく、当時の交易のまさに一級の資料となっている。

新安沖の沈没船は当時の唐船としては、とびぬけて大型船というわけでもなく、むしろ一般的な容量である。それが一艘にこれだけ多量の積載品があったということは、日元貿易全体で日本にもたらされた銅銭や陶磁器の量はいかばかりであったことか、私たちの想像をはるかに

図 4-6　新安沖の沈没船に積まれた陶磁器(国立光州博物館蔵，写真提供・国立歴史民俗博物館)

超えるものであったに違いない。そして、こうした大量の唐物の流入が、日本の禅寺を中国風に荘厳したばかりでなく、経済の活性化をもたらし、幅広い階層に唐物受容のブームを巻き起こしたのである。

渡海僧・渡来僧の時代

なお寺社造営料唐船に乗って、渡海僧や渡来僧も盛んに海をわたった。新安沖の沈没船にも正和《しょうわ》三年(一三一四)に元に入った僧の大智《だいち》が乗っていた可能性が高いという。

平安中期の入宋僧として先に奝然と寂照の名を挙げたが、北宋時代の入宋僧といえば、成尋《じょうじん》・戒覚《かいかく》らが五台山や天台山巡礼に向かったくらいであった。ところが、南宋の時代になると、都の臨安と商船の入港する明州は近く、入宋僧も多くなった。

特に禅宗をもたらすために入宋した僧も多く、臨済禅《りんざいぜん》をもたらした栄西《えいさい》、曹洞禅《そうとうぜん》をもたらした道元、東福寺を開いた円爾《えんに》などが名高い。栄西は、仁安三年（一一六八）と文治三年（一一八七）と二度も入宋し、のちに『喫茶養生記《きっさようじょうき》』をまとめて、喫茶の習慣を日本に紹介したことでも有名である。彼が開いた博多の聖福寺《しょうふくじ》や京の建仁寺《けんにんじ》で茶の栽培が盛んになり、禅に帰依した武士の間で、喫茶の習慣が広まっていった。

『吾妻鏡』の建保二年（一二一四）二月には、源実朝が二日酔いに悩まされ、鎌倉の寿福寺に住んでいた栄西が加持に召されている。栄西は実朝に一服の茶（点茶とよばれる抹茶）を奉り、さらに『喫茶養生記』とおぼしき書を献上した。栄西が座禅の合間に書き出したというその本を、実朝はいたく喜んだという。

渡海僧ばかりでなく、十三世紀半ばからは、南宋からの渡来僧が多く来日し、鎌倉や京の禅宗の寺院に住むようになった。その先例となったのは蘭渓道隆《らんけいどうりゅう》で、寛元《かんげん》四年（一二四六）、入宋した泉涌寺《せんにゅうじ》の僧の導きで、弟子とともに来日した。本格的な臨済宗を広め、執権の北条時頼の信頼を得て、鎌倉の建長寺《けんちょうじ》の初代住職となった。鎌倉において禅宗が定着する端緒となり、道隆の弟子で渡海する者も多かったのである。

また建長寺は、蘭渓道隆以降も招請された中国僧の無学祖元《むがくそげん》、一山一寧《いっさんいちねい》などが住む寺ともなり、「唐僧渡り唐国のごとし」といわれた。無学祖元はのちに円覚寺《えんがくじ》を開き、建長寺・寿福寺・浄智寺・浄妙寺と合わせて鎌倉五山《ござん》とよばれる寺院が、禅宗の文化を実践する異国的空間となり、唐物の価値を高めていったのである。

鎌倉五山では中国語(宋語)が用いられ、茶礼《されい》とよばれる中国式の茶会がおこなわれるなど、宋の文化が直輸入され、茶器をはじめとして、唐物の需要はいよいよ高まったといえる。武士の間で唐膳とよばれる贅沢な料理がはやったのも、宋風の生活文化の影響であった。

金沢文庫の遺物から

ところで、鎌倉中期以降における武士階級の唐物受容をよくうかがわせるのが、現在、横浜市の金沢区にある金沢文庫の存在である。金沢文庫はそもそも鎌倉中期、北条氏の一族である金沢実時《かねさわさねとき》が、武蔵国久良岐《くらき》郡六浦《むつら》荘金沢の邸宅内に造った武家の文庫であった。その創設の時期はさだかではないが、実時の晩年の建治《けんじ》元年(一二七五)頃と考えられている。

金沢実時は『群書治要《ぐんしょちよう》』(帝王学の亀鑑で、徳川家康も蔵書したという)の講義を受け、また白楽天《はくらくてん》に心酔したというだけあって、蔵書の中身は政治・文学・歴史など幅広い和漢の書籍であった。実時は鎮西探題《ちんぜいたんだい》となり、九州の軍事・裁判を管轄する立場にあったため、唐物が運ばれる「海の道」(博多—淀—大湊—六浦)を押さえ、書物を収集したとみられる。

その後も金沢顕時《あきとき》・貞顕《さだあき》・貞将《さだゆき》の三代にわたって書籍の収集はつづけられ、蔵書の充実がはかられた。特に貞顕は当代の文化人として聞こえた人物で、鎌倉末期にいかに唐物や茶が愛好されていたかを知らしめる、貴重な証言者であった。金沢文庫には彼の書状が五百通以上も残されているが、たとえば元徳《げんとく》元年（一三二九）の書状には、唐船がぶじに帰国したので薫物が入手しやすくなったことが記されている。また同二年（一三三〇）六月には、息子の貞将に宛てて、唐物や茶が流行していることや、京から唐物の道具類を買ってもどるよう指示した書状もある。

その他、金沢文庫の古文書には同じ年、関東（鎌倉）大仏の造営料唐船が来春に宋にわたることが書かれた文書もある。嘉元《かげん》四年（一三〇六）には、金沢氏の菩提寺である称名寺《しょうみょうじ》の造営料獲得のため、元へ唐船が派遣され、称名寺の僧である俊如房《しゅんにょぼう》（快誉《かいよ》）が乗船したこともみえる。

貞顕の茶に関する書状では、京に茶をもとめたり、称名寺で栽培されていた茶をもらい受けるものもある。六波羅探題《ろくはらたんだい》として十一年も京に暮らした貞顕は、在京の間に茶に親しみ、鎌倉にあっても茶事や酒宴を盛んにしたらしい。その茶事は、室町以降に盛んにみられる会所《かいしょ》とよばれる中国的な空間で、唐物の飾りの中で天目《てんもく》茶碗を使っておこなわれたという説もある。

なお今日、金沢文庫に残された唐物の陶磁器は、龍泉窯の青磁で、酒宴で使われた青磁壺（酒海壺、口絵11）、青磁香炉（本章扉）、称名寺で仏事に使われたとおぼしき青磁花瓶（図4—7）などがある。青磁壺は、顕時の墓から発見され、もともとは顕時遺愛の壺とされる。いずれも

図4-7　青磁花瓶（称名寺蔵，神奈川県立金沢文庫保管）

大ぶりのもので、新安沖の沈没船から引き揚げられた龍泉窯青磁と類似している。

金沢貞顕親子は元弘《げんこう》三年（一三三三）、鎌倉幕府滅亡とともに北条高時《たかとき》に殉じて自刃するが、以後、文庫は隣接する菩提寺の称名寺によって管理された。現在の金沢文庫は昭和五年（一九三〇）に神奈川県の施設として復興されたものである。

兼好の唐物嫌い

さて金沢貞顕と関わりを持ちながら、当時の唐物ブームに水を注した一人の人物がいる。それは、ほかならぬ『徒然草』の作者である吉田兼好である。兼好は貞顕を頼って、鎌倉に滞在したことがあったらしい。貞顕が六波羅探題として上京していた折に、兼好は面識を得て、そのつてで鎌倉には少なくとも二度下ったことがわかっている。その時、兼好は金沢氏の館に近い上行寺《じょうぎょうじ》の境内に庵を結んだと伝えられている。

上行寺や金沢氏の館に近い六浦の港は、塩の産地であるとともに、鎌倉中期から国内外の物資が陸揚げされる、幕府にとって重要な港であった。兼好が六浦で唐物が大量に荷揚げされるのをみて、『徒然草』の次のような段が生まれたという伝説さえあるのである（百二十段）。

唐《から》の物は、薬の外は、なくとも事欠くまじ。書《ふみ》どもは、この国に多くひろまりぬれば、書きも写してん。唐土舟《もろこしぶね》のたやすからぬ道に、無用の物どものみ取り積みて、所狭く渡しもて来る、いと愚かなり。

「遠き物を宝とせず」とも、又「得がたき貨《たから》を貴《たふと》まず」とも、文《ふみ》に侍《はべ》るとかや。

（中国からの舶来品は、薬の他はなくても困らないものばかりである。中国の書物なども、この国にじゅうぶん広まっており、書き写すだけで良い。中国からの交易船が、たやすくはない遠い道のりを、無用のものばかり所狭しと積みこんでやってくるのは、まことに愚かしいことである。「遠い国のものを宝にするな」とも、また「手に入りにくい宝物を貴ぶな」とも、中国の古書には書いてあるとか。）

兼好はこのように当時の唐物ブームに冷やかで、薬以外の唐物は不要なもの、唐船が実用にならぬ贅沢品ばかり輸送しているのは、ばかげたことだとしている。『徒然草』の十三段では、『文選』『白氏文集』『老子』『荘子』など漢籍を評価している兼好だが、この段では書籍ならばすでに日本にたくさん輸入されているので、これ以上、輸入しなくても、これまで招来された本を書き写せばよいとしている。兼好は金沢家の書庫に集められた和漢の書をみることを目的に東下りしているので、書籍の輸入に対して寛容かと思いきや、そうではないのである。

この段の「唐の物は」以下は、日元貿易の実態を示す資料としても、しばしば引用される有名な段だが、兼好は舶来品をむやみにあり難がる鎌倉末期の風潮を苦々しく思っていたらしい。もっとも舶来の薬だけは、日本では入手できないものがあることや、健康を重視する立場から例外としたのであろう。

最後の「遠き物を宝とせず」の一節は、『書経』の「旅獒《りょごう》」の引用で、これは君主が遠方のモノを宝としてほしがらなければ、土地を侵略される心配がないので、その土地の者は安心していられるという意味である。「得がたき貨を貴まず」は『老子』の引用で、君主が珍しい財貨を、貴重なものとして扱わなければ、民は盗みを働かないということを意味する。いずれも「唐物」をもてはやす階級の人々ではなく、為政者を批判の対象とするが、民がその影響を受けて心を乱すことへの警句にもなっている。ただ遠方からきたからだとか、珍しいからだとかいって、あり難がってはいけないと昔の本には戒めていると、兼好は醒めた調子で書いているのである。

また、つづく百二十一段の「養ひ飼ふものは」でも、兼好は、牛、馬以外の鳥獣は養っても無用なものとして、同じく『書経』の「旅獒」の一節を引いている。「凡《およ》そ、「めづらしき禽《とり》、あやしき獣《けだもの》、国に育《やしな》はず」とこそ、文にも侍るなれ」（一般的にいって、「珍しい鳥や、変わった獣は、国内に飼育すべきでない」と中国の古書の中にも書いてある）と戒めているのである。

『明月記』と『徒然草』

ところで、『徒然草』にさかのぼること約百年前になるが、かの藤原定家《さだいえ》も日記の『明月記《めいげつき》』の嘉禄二年（一二二六）五月の条で、「去今年、宋朝の鳥獣、華洛《からく》（京都の町）に充満す。唐船任意《にんい》の輩《やから》、面々《めんめん》に之を渡すか。豪家《がうけ》競ひて豢養《けんやう》すと云々」と記した後、同じく「旅獒」の一節を引いて、「珍禽奇獣《ちんきんきじう》、国に育はず。遠き物を宝とせざれば、則ち遠き人、格《いた》る」と書いていた。昨今、宋朝の鳥や獣が京にたくさんいるというが、それは当時、唐船を意のままにする連中が大陸の珍獣を持ちかえり、京の富裕層が競ってそれを飼う一種のペット・ブームが起きていたというのである。

『明月記』の同じ嘉禄二年の二月の条では、石清水八幡《いわしみずはちまん》の宗清法印《そうせいほういん》から舶来の麝香猫《じゃこうねこ》と鸚哥《いんこ》が定家のもとに届けられたという記事がある。宗清は関白の近衛家実《いえざね》に献上するつもりであったが、その前に定家にみせたかったらしい。唐船が運んでくる宋の鳥獣が京でもてはやされ、貴顕への贈り物になったのだろう。平安期では貴族層にかぎっていたのが、定家の時代には、すでに富裕な層に広がっていたことがわかる。『明月記』と『徒然草』の一致は偶然のことなのか、それとも兼好が定家を意識したのか、さだかではないが、定家も舶来の珍獣を飼うことに冷やかであったことは興味深い。

なお兼好の唐物や唐めくモノへの嫌悪は、『徒然草』の十段で、唐の調度品について見苦しく、わびしいものとしている点や、百三十九段で舶来の植物についても、名が聞きとりにくく花も見慣れていないので、懐かしさを覚えないとしている点からも明らかである。特に後者では、舶来の植物は教養や品性のない人が一時的にもてはやすものであり、なくてよいものと断定している。『徒然草』では清少納言の『枕草子』を意識しながらも、唐物や唐めくモノを賛美する『枕草子』とは違った価値観が語られているのである。

いったいに兼好は保守的で、古風で自然なもの、日本古来の伝統や文化をいとおしむ傾向があり、珍奇な唐物趣味は彼の眉をひそめさせるものにほかならなかった。兼好が当時、流行していた茶に言及しないのも、そのためかもしれない。しかし、逆にいえば、『徒然草』にみられる兼好の保守的な警鐘の言葉から、当時いかに日元貿易が盛んであり、唐物が大量に流入し、もてはやされていたか、唐物崇拝の時代風潮もうかがわれるのである(口絵10)。

第五章

茶の湯と天下人

―中世唐物趣味の変遷―

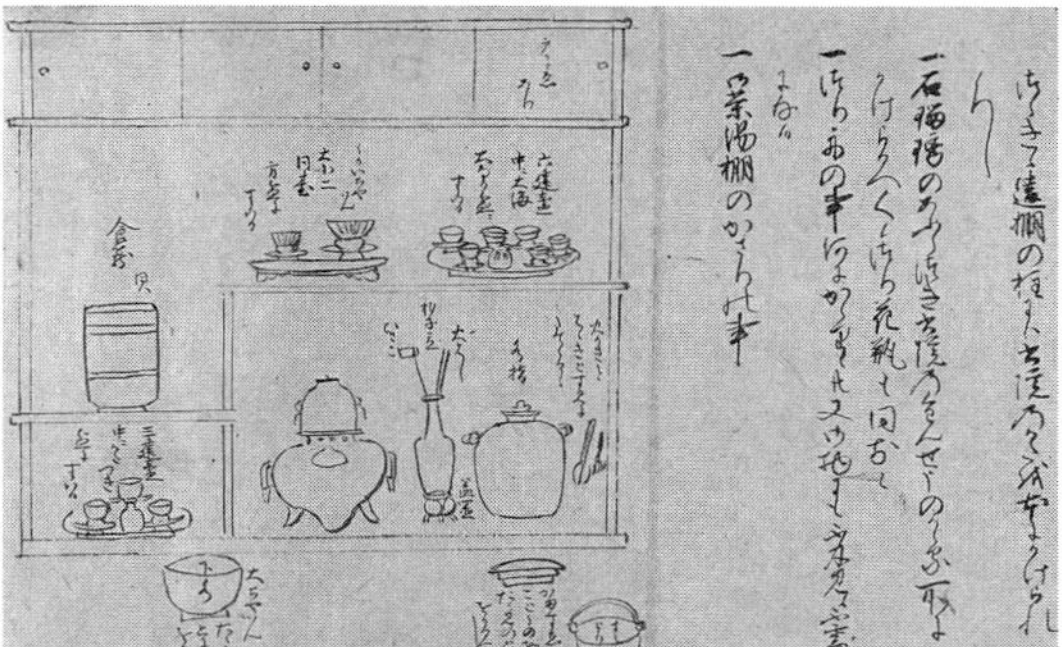

『君台観左右帳記』(国立歴史民俗博物館蔵)
唐物による座敷飾りの指南書

バサラ大名、佐々木道誉

前章では貴族から武士へと唐物の受容が広がるさまをみたが、本章では武家社会への唐物の浸透を、室町時代から戦国時代へとたどっていきたい。

鎌倉幕府が滅亡した後、後醍醐《ごだいご》天皇による建武《けんむ》の中興があり、さらに足利尊氏《たかうじ》が幕府を開いたものの、南北朝の動乱はしばらくつづいていく。この動乱期にあって多量の唐物をもって、みずからの存在を際立てたのが、バサラ大名とよばれる佐々木道誉《どうよ》であった。

佐々木道誉はもともと佐々木高氏《たかうじ》といい、鎌倉幕府に仕えた御家人であったが、執権北条高時とともに出家して、その法名が道誉である。ところが後醍醐天皇の宣旨を受けて足利尊氏に倒幕を勧めたかと思うと、やがて尊氏の幕府創立に尽力するなど、時流を読んだ政界遊泳術もたくみであった。動乱期を生き抜き、当時としては珍しく七十八歳まで生きて、天寿をまっとうした。

道誉は風流人として、連歌《れんが》・茶・立花《りっか》(活け花)・猿楽などにも通じた人物であった。『太平記』では、佐々木道誉やその一族郎党を「バサラに風流を尽して」と評している。バサラとは、形式や常識から逸脱して、奔放で人目をひくような派手な振舞をすることであり、南北朝の動

図 5-1 『慕帰絵詞』（本願寺蔵）
唐物による会所の座敷飾り

乱期には、そのような振舞により注目を浴びた人々が多くいた。道誉のバサラのエピソードから唐物に関わるものを、『太平記』からいくつか紹介してみたい。

道誉の「逸脱の美学」

まずは、「闘茶会《とうちゃかい》」における唐物の使われ方をみてみよう。道誉は闘茶会とよばれる、茶を飲んでその産地をあてていくゲームを好んだ。『太平記』では、道誉が唐物や国内の宝物で会所を飾り立て（図5―1）、豪華な景品（賭物）をかけて闘茶会を楽しんだ様子が語られている。

道誉の贅沢ぶりはじつにたいしたもので、康安《こうあん》元年（一三六一）の七夕、都の京極の邸に唐物の茶道具を多くそろえ、七菜のご馳走を用意し、七百種もの賞品を積み、七十服の本茶《ほんちゃ》（京の栂尾産の茶）・非茶《ひちゃ》（それ以外の茶）を飲み比べるという大闘茶会を催して、執権の細川清氏《きようじ》の恨みを買っている。

また同じ年、道誉は南朝方に攻められ、屋敷を捨てて都落ちする際に、集めた唐物で屋敷の会所・書院・寝所をきらびやかに飾り立てた。その様子は、やはり『太平記』で次のように語られている（巻三十六）。

会所の畳を刺し立てて、その上に氈虎《せんこ》の皮を布《し》き、張僧繇《ちやうそうえう》が観音に、王楊元《わうやうげん》が山水、紫檀の卓に古銅《こどう》の三具足《みつぐそく》、鍮石《ちゆうじやく》の鑵子《くわんす》に銀《しろがね》の水桶《すいとう》、堆紅《ついかう》の盆に建盞《けんざん》取り双《なら》べ、書院には朝夕信仰と思しくて、兪法師《ゆほふし》が阿弥陀、門無関《もんむくわん》が布袋《ほてい》、君台仁が楼閣に張漢宏が江山《かうざん》の絵、几板《おしいた》には王羲之が草書の偈《げ》、張即之《ちやうそくし》が金剛経、眠床《めんしやう》には段子《どんす》の宿直物《とのゐもの》に沈《ぢん》の枕をそへ（以下略）

（会所の畳を仕上げさせて、その上に氈虎の皮を敷いて、張僧繇の描いた観音像に、王楊元の山水画を添えて、紫檀の卓の上に古銅の三具足を置き、真鍮製の茶釜に銀の水指、堆紅の盆に建盞の茶碗を調えて並べた。書院には朝夕信仰をしていたようで、兪法師の描いた阿弥陀、門無関の描いた布袋、君台仁の描いた楼閣に張漢宏が描いた江山の絵が飾られ、床の間には王羲之による草書体の偈、張即之の写した金剛経が置かれている。寝室には緞子の夜着に沈の枕が添えられ……）

ここでは唐物と思われるものが十数個も列挙され、その数は『太平記』の中でも最多である。また、その内実は「氈虎の皮」や「紫檀の卓」、「沈の枕」や「段子の宿直物」だけでなく、「張僧繇が観音に」にはじまる、製作者の固有名詞がついた品物が多く登場する。実在した人名か定かではないが、ともあれこれだけの唐物を並べ立てることにより、その所有者である道誉の財力が突出していることをあらわしている。と同時に、道誉が唐物の目利きであり、すぐれたインテリア・コーディネーターであることも示しているのである。

『太平記』の他の本では、王羲之の草書の対になるものとして、「韓愈《かんゆ》が文集」も飾ったとあり、これが「書院七所飾り」のはじまりとされる。さらに道誉は、鳥・兎・雁・白鳥、堅田《かたた》の鮒、淀の鯉などの酒肴と酒をたっぷり用意し、伽《とぎ》の僧たちに邸内に入ってきた者には酒をふるまうように言い残して立ち去った。後から来た楠木正儀《まさのり》は、道誉の振舞のみごとさに感じ入って、邸を焼き払うこともなかったという。邸内を自分の集めた唐物で飾り立てるのは、邸を明けわたす相手への礼儀であり贈り物でもあろう。バサラ大名の面目躍如というべきか。

その五年後の貞治《じょうじ》五年(一三六六)、道誉が大原野《おおはらの》で設けた花見の宴も桁外れのものであった。道誉は小塩山《おしおやま》への道中、橋があればその高欄を金襴で包み、橋板には唐の毛氈や蜀江錦を色々に敷き広げた。藤の枝には唐の平紅の帯をかけて青磁の香炉をつり下げ、雞舌香《けいぜつこう》を焚いたので、辺りは素晴らしい薫りに満ちたらしい。寺の本堂に上ると、その庭に桜の木が四本あり、その根元に一丈あまりの真鍮の花瓶をかけて、立花のようにみせ、その間に香炉を机の上に並べて、一斤もの名香を一度に焚き上げたので、香る風が四方に広がって、人はみな極楽浄土の匂いの国に遊ぶ心地がしたという。

道誉はその桜の蔭に幕を張り、百味の珍膳を整え、百服の本茶非茶を飲み比べて、景品の賭物を山のように積み上げさせた(『太平記』巻三十九)。しかも闘茶だけでなく、田楽・猿楽あり、詩歌・連歌の会もあり、と遊興のかぎりを尽くしたのであった。ここにも唐錦や青磁の香炉、香、茶道具など唐物が横溢していたことはいうまでもない。

唐物の目利きであり、唐物で闘茶や花見を荘厳した佐々木道誉。そのバサラの美学は足利義満の北山文化に受け継がれ、義政の東山文化の先駆けともなったのである。

足利義満と「日本国王」

さて佐々木道誉につづいて室町期の唐物のキーパーソンとなるのは、やはり何といっても室町幕府の三代将軍、足利義満であろう。義満は早くから明との交易を希望していたが、それが実現したのは、応永《おうえい》八年(一四〇一)のことであった。

九州周辺の海賊が朝鮮南岸を荒らすようになったのは、十三世紀後半からのことで、彼らは「倭寇《わこう》」とよばれた。倭寇は、十四世紀半ばには南北朝の動乱に乗じて、中国の山東地方まで荒らすなど勢いを強めていた。明の太祖洪武帝《こうぶてい》は、日本に倭寇の制圧をもとめて使者を何度か派遣し、その書状（詔書）は当時、大宰府にいた南朝の征西将軍の懐良《かねよし》親王にわたされた。その内容は日本からの朝貢をうながすものであったが、懐良親王は三度目の詔書に対して、馬と方物（土産の品）、それに倭寇に捕らえられた中国人の男女約七十人を送り届けた。

洪武帝はこれを朝貢と認めて、その証として大統暦（明の暦）を贈る使者を博多に送ったが、その時すでに懐良親王は九州探題の今川了俊《りょうしゅん》に攻められ、大宰府を去って高良山にしりぞいていた。南朝と北朝の対立を知った明の使者は京に入り、室町幕府と接触したが、任をはたすことなく帰国する。足利義満はその使者を明に送り届ける際に、馬と方物を献上したが、これには上奏文がなかったので、洪武帝はこれを朝貢とは認めなかった。

その後、義満は明との外交権をもとめて、今川了俊に九州平定を進めさせ、倭寇の禁圧に乗り出していく。しかし、天授《てんじゅ》六年（一三八〇）、「日本征夷将軍源義満」の名で明に使者を送って拒否されると、まず国内での地位を固めることに重きを置くようになる。公家の世界に接近し、将軍職のままで弘和《こうわ》二年（一三八二）には左大臣になり、翌年には准三后となった。

応永元年（一三九四）には将軍職を子の義持《よしもち》に譲って、太政大臣となったが、将軍職の実権は握ったままであった。同二年（一三九五）には太政大臣を辞任して出家し、みずからを法皇になぞらえ、北山第を仙洞《せんとう》御所に擬して造営している。祖父の足利尊氏や父義詮《よしあきら》とは違って、名実ともに公家との連帯を推し進めて、その頂点に立ったのである。また外交を独占する上でのライバルである島津氏、山名《やまな》氏を討ち、さらに応永六年(一三九九)には、強敵の大内義弘《おおうちよしひろ》を堺で滅ぼし、外交権と交易権をゆるぎなきものとしていった。

義満は、応永八年(一四〇一)に満を持して、「日本国准三后道義、書を大明皇帝陛下に上る」ではじまる国書を起草させて、明に使節を送っている。明の建文帝はこれを朝貢として受け入れ、義満を「日本国王」に任じるべく詔書と大統暦と錦綺《きんき》(二十匹)を送った。義満は唐船の見物のために、わざわざ兵庫浦《ひょうごのうら》までおもむき、さらに北山第で賜物を受けとったのである。ところが建文帝は叔父の永楽帝《えいらくてい》に皇位を簒奪されたため、応永十年(一四〇三)に義満は永楽帝の即位を賀する使節を派遣し、改めて「日本国王臣源」ではじまる上奏文と方物を送っている。

それに対して、永楽帝は義満に冠服と錦綺・紗羅《さら》、「日本国王之印」の金印と勘合《かんごう》(百通)をあたえた。それ以降は、勘合符を持参した足利将軍の朝貢使だけが交易を独占する体制になったのである。しかも朝貢のルールでは、次の入貢は十年後の応永二十一年(一四一四)となるところを、義満は応永十二年(一四〇五)、同十四年(一四〇七)、同十五年(一四〇八)と立てつづけに遣明船を派遣している。明も結局これを拒まなかったことから、義満はルールを超えて、交易の利を得ることになったのである。

朝鮮との外交

この時期の朝鮮半島との関係も簡単にみておくと、九州を支配する体制をととのえた義満は、応永六年(一三九九)に大内義弘の斡旋で、李氏朝鮮《りしちょうせん》に使者を送っている。そもそも高麗もその後の李氏朝鮮も、日本に倭寇のとり締まりをもとめてきたが、今川了俊や大内義弘は倭寇対策をきっかけに、朝鮮との通交を開いていく。やがて今川了俊が朝鮮との通交を独占するが、応永二年(一三九五)に了俊が九州探題を解任されると、大内氏が通交の中心となり、義満はそれに便乗する形で朝鮮との外交を開始していくのである。

同じ応永二年に朝鮮から報聘使《ほうへいし》(返礼の使者)が派遣され、日朝間の外交関係が確立することになった。義満は、大蔵経《だいぞうきょう》の版木や銅鐘・薬物をもとめたというが、日朝交易で輸入されたのは、ほかに木綿・朝鮮人参などであった。そして、応永十一年(一四〇四)、義満は朝鮮への外交文書の中ではじめて「日本国王」を名乗っている。応永八年、十年と明に使者を送り、「日本国王」として冊封《さくほう》されたことを受けてのことであろう。

ところで、足利義満はこのように「日本国王臣源」、つまり日本国王を名乗った人物として、歴史の教科書でも名高いが、そのことから義満が天皇の位を簒奪しようとした、という説が有力に語られた時期があった。次男の義嗣《よしつぐ》を溺愛し、後小松天皇の養子となし、やがて即位させようとしたという説がまことしやかに語られたのである。

しかし義満は義嗣を即位させて天皇の位を簒奪しようとしたというより、明と貿易するためには、日本国王を名乗って朝貢貿易をするほかなかったというのが実情であろう。というのも、元が滅亡して明の時代になったところで、中国側の外交政策が変化し、朝貢以外の交易を認めなくなったからである。「日本国王」とは、あくまで明との交易のための称号であり、義満が国内でそれを流布させようとした気配はない。

むしろ義満が国内でねらっていたのは、『源氏物語』の光源氏、つまり准太上天皇の再来のような立場であったのであろう。自分の妻の日野康子《ひのやすこ》を後小松天皇の准母(女院)とし、義満自身も後小松天皇の父親代わりとなり、臣下の立場を超えた権力・権威をふるおうとしたのである。義満が光源氏幻想を生きたといわれる所以でもある。

義満の文化戦略

ところで、遣明船の派遣により義満が獲得した唐物には、どのような品々があったのか。

応永十二年(一四〇五)に明は答礼として、義満に九章冕服《きゅうしょうべんふく》、織金《おりきん》・文綺《ぶんき》・紗羅・絹、銅銭、鈔《しょう》(紙幣)などを贈っている。また同十四年(一四〇七)に明が義満夫妻に贈った品は、白金、銅銭、綿・紵糸《ちょし》(繻子《しゅす》の一種)・紗羅・絹、僧衣十二襲《かさね》、帷帳《いちょう》、衾褥《きんじょく》、器皿《きべい》などであった。

つまり足利将軍の献上品に対して、明の皇帝からは回賜品として、白金や銅銭、絹織物がもたらされたわけである。それらの唐物は、将軍家から家臣への贈与財となったばかりでなく、儀礼や催しをおこなう会所にも飾られる調度品となり、義満を物質的にうるおすと同時に、荘厳する装置ともなった。

そもそも唐物を飾り、茶会や芸能の会が開かれた会所からして、バサラ大名の佐々木道誉の時代よりも進化していた。道誉の会所は、書院や寝所とつながった部屋にすぎなかったが、義満の北山第の会所は邸内の独立した建物であった。足利将軍邸の会所のはじまりといわれ、天鏡閣《てんきょうかく》とよばれた二階建ての建物である。会所の隣には泉殿《いずみどの》と、後世に金閣として有名になる三階建ての舎利殿《しゃりでん》(仏舎利を安置した建物)があり、舎利殿と天鏡閣は、二階が空中廊下で結ばれていた。

この北山第において、義満は明から得た唐物を室内装飾に用いていた。なかでも後小松天皇を北山第に迎えた盛儀、いわゆる北山殿行幸は、まさにその粋というべき出来事であった。先に少しふれたように北山殿行幸では、天鏡閣の会所の座敷に、中国絵画の傑作や花瓶・香炉・屛風などをところ狭しとならべ、それは本場の中国(「唐国」)でさえめったにないような品であったと、一条経嗣《つねつぐ》の『北山殿行幸記』に記されている。義満は将軍家の唐物を披露し、その価値を天皇や公家にみとめさせ、文化的にも覇者であることを示したのである。

一方、北山第の寝殿や常御所といえば、こちらは和物が飾られていたという。まさに屋敷の内部に和と漢の空間を対比的に作り出し、それを統括する存在としての足利将軍を印象づけるメカニズムである。和と漢の文化の統轄者としての義満は、その点でも『源氏物語』の光源氏像の後裔であり、再来であったといえよう。

美術品としての唐物

そもそも、この北山殿行幸じたいが、『源氏物語』の藤裏葉《ふじのうらは》巻の六条院行幸をイメージさせるもので、光源氏のような院政になぞらえた政治支配を、義満が後小松天皇行幸という儀礼空間で確認するものであった。北山殿行幸は三月八日から二十八日まで、じつに二十一日間にもわたったが、その期間中にさまざまな行事が催されている。

唐物との関わりで特に注目されるのは、三日目の三月十日で、道阿弥《どうあみ》の猿楽の後に、会所の座敷に飾られていた唐物や金銀が、後小松天皇に献上されている。西座敷からは、「月湖《げっこ》・牧谿《もっけい》」の絵や盆・香炉・花瓶・卓・硯・筆架などの唐物が、東座敷からは剣・金銀などが献上されたのである(『北山殿行幸記』)。この出来事が重要なのは、単に唐物や金銀が贈与されたからではない。ここでのモノの選択に、義満の美意識が垣間みえるからである。

なかでも牧谿(牧渓)は水墨画で名高い禅僧で、当時の日本ではきわめて高く評価されていた。義満が大切にした唐絵《からえ》は、牧谿の「観音猿鶴図《かんのんえんかくず》」「瀟湘八景図《しょうしょうはっけいず》」(図5—2)や、北宋の皇帝徽《き》

図 5-2　牧谿作とされる「遠浦帰帆図《えんぽきはんず》」(京都国立博物館蔵)
「瀟湘八景図」のひとつ

宗《そう》の「桃鳩《とうきゅう》図」、南宋の宮廷画家である梁楷《りょうかい》の「六《ろく》祖《そ》裁竹《さいちく》図」など、宋代の絵画を代表とする名品であった。

もともと義満は、中国趣味の人であり、首周《すしゅう》という唐物の腹巻をしたり、応永十四年(一四〇七)十月には宋人の格好(唐装束《からしょうぞく》)をして、明使を誘って常在光院に紅葉狩りに行ったこともあった。唐物の収集は、義満にとって権力示威や幕府の経済的基盤を固めるためだけでなく、彼自身の中国趣味を満足させる意味もあったのである。

義満の中国趣味が、交易の相手である明でもその前の元でもなく、さらにさかのぼって徽宗皇帝や牧谿・梁楷など、宋の文化に向かっていたことも注意しておくべきだろう。おそらくそれは宋の文化水準の高さと、その優美な文化が日本で好まれたからではないだろうか。牧谿や梁楷にしても、本国の中国ではそれほど評価を得ていなかったという説もあり、そこに和の文化からみた漢の絵画の取捨選択があったといってもよい。つまり日本の美意識から選別された宋の絵画なのである。

室町美術史の島尾新氏によれば、義満をはじめ足利将軍は、唐物の稀少性や金銭的な価値に注目するばかりでなく、いわば美術品として扱ったという。具体的には座敷飾りとする唐物に、牧谿のような禅のイメージと、徽宗や梁楷のような中国(南宋)の宮廷コレクション、宮廷画のイメージをつけ加えて、文化的価値を高めたというのである。首肯すべき見解であろう。

さらに、こうした唐物の美術品化に大きく寄与したのが、同朋衆《どうぼうしゅう》とよばれる存在であった。同朋衆の起源は、管領《かんれい》となった細川頼之《よりゆき》が六人の法師を義満に仕えさせたことにはじまる。彼らは芸能をつかさどるばかりでなく、唐物奉行として唐物を管理し、座敷飾りを担当した。また唐物を鑑定し、そのお墨つきを得たものは、価値ある優品として流通するようになる。義満以降の足利将軍も、同朋衆と一緒に唐物の収集に努めて、その一部がのちに東山御物《ごもつ》とよばれる有名なコレクションとなった。

唐物は日明貿易を通じてもたらされたばかりでなく、将軍の御成《おなり》や年中行事、歳暮の際などに大名や公家や寺社からも献上されている。特に有力大名である大内氏はしばしば唐物を献上している。

足利将軍家のもとに集まった唐物は、将軍の好みを反映させながら、同朋衆の鑑定眼を通して、御物として室町殿の座敷に飾られるものが選別されたのである。ここにバサラ大名の会所のように唐物を大量に飾る、いわば「量」の美学から、選ばれた御物を飾る「質」の美学への転換をみとめてもよい。

御物は室町殿ばかりでなく、将軍の御成の場所にも同様に飾りつけられる必要があり、同朋衆は事前にその場所に出向いて座敷飾りをおこなっている。唐物による座敷飾りは、そのまま将軍の権威の象徴であったのである。そのため御物の座敷飾りの基準と方法が定められる必要があった。

『君台観左右帳記』の世界

御物に選ばれた唐物は、種類ごとに分類され、等級づけがなされたわけだが、そのことを語る際に避けて通れないのが『君台観左右帳記《くんだいかんそうちょうき》』（本章扉）という座敷飾りについての秘伝書である。足利義教《よしのり》そして義政の同朋衆であった能阿弥《のうあみ》の奥書のある本と、後の時代のもので能阿弥の孫の相阿弥《そうあみ》の奥書の本がある。その内容は、まず唐物の中でも最高の価値のあった絵画について、六朝から宋・元までの画家たち約百五十六名（相阿弥の奥書本は百七十七名）を挙げ、年代順に上、中、下の品に分け、その字や号、出身地、得意とする画題などを列挙するものである。上の品はさらに、「上々々・上々・上中」のように分かれ、画家で「上々々」の最高位にランクづけされたのは、かの徽宗皇帝・李公麟《りこうりん》・李安忠《りあんちゅう》・梁楷の四人である。次の「上々」に入るのは、王維《おうい》以下十二人で、かの牧谿もそこに入っている。

座敷飾りの道具についても、唐物が多くを占めるが、その解説では飾り方についても、図とともに説明している。特に茶道具については、その価格まで言及したものもある。たとえば曜《よう》変天目《へんてんもく》は南宋の時代に製作され、内側に美しい斑文がある茶碗(口絵12)であるが、天目茶碗の中でも無上のものとされ、「万丈《ばんじょう》」の価値があるという。

『君台観左右帳記』はいわば唐物のランキングの書であり、唐物による室礼のバイブルであった。御物となった唐物の文化的、そして経済的価値を確立した書だったのである。

もっとも一方で、『君台観左右帳記』のような唐物鑑定のマニュアルが、足利将軍は唐物だけに傾倒しているとのイメージを定着させたという、その功罪も否定できない。そもそも代々の足利将軍は和歌や連歌、蹴鞠など、「和」の文化も愛好し、儀式の際は、唐物の座敷飾りのみならず、和風の室礼も整えて、バランスを保っていた。日本では「唐」と「和」、唐物と和物の双方を使いこなせてこそ、文化的覇者となれたことを忘れてはならない。

しかも義満の頃には、唐物と和物が対比的な形で並存していたが、八代将軍の義政の頃から、次第に唐物と和物の質が近づき、「唐」と「和」の文化そのものが少しずつ接近するようになる。こうした「唐」と「和」の文化の関係性の変化を、次に義政の時代にみていこう。

図 5-3　東求堂の書斎「同仁斎」(提供・慈照寺)

義政と書院の茶

東山御物に象徴されるように、足利義政は唐物の書画や骨董品を愛玩し、書院でその鑑賞を楽しんだ人物である。義満の頃、晴の客間として用いられた会所では、椅子に座って茶会がおこなわれたが、義政の時代には会所は書院造となった。床には畳が敷きつめられ、畳の上で茶会や立花がおこなわれた。義政が東山山荘の持仏堂である東求堂《とうぐどう》に造った書斎の「同仁斎《どうじんさい》」(図5—3)は、四畳半の小さな一間だが、初期の書院造として知られ、そこで茶の湯(書院茶)もおこなわれ、茶室の原型ともいわれる。

『小御所東山殿御飾記《おかざりき》』によれば、同仁斎の付書《つけしょ》院《いん》(作りつけの机)には、中央に文台《ぶんだい》と書物一帖、東に硯をはじめとする文房具、西に漢詩文、漢籍や巻物が置かれていたらしい。また付書院の隣の違棚の上には建盞（中国の建窯で焼かれた高級な天目茶碗）・小壺・茶筅、下には堆朱《ついしゅ》（明製の彫漆）の蓋付食器が置かれていたという。義政の手元に残された御物の中から、彼自身が選択したものだろう。

義政の鑑識眼の確かさは、牧谿の偽物を見やぶったエピソードからもうかがえる。義政は文明《ぶんめい》十九年（一四八七）、相国寺《しょうこくじ》を訪れた際、客殿に四代将軍義持から寄進された牧谿の三幅対が掛けられていたが、真中の布袋図が牧谿の作ではないと断言した。のちに同朋衆の相阿弥たちが調査したところ、画の年号から牧谿の作でないことがわかり、義政が正しかったことが証明されたという。

ドナルド・キーン氏は『足利義政』という本を著しているが、その中で、南宋の徽宗皇帝の審美眼と生活様式について書かれたことのほとんどすべてが、そのまま義政に当てはまる、と述べているのは含蓄にとむ。義政は徽宗のような画家としての才があるわけではないが、文化のパトロンとして、また唐物の目利きとしては超一流であった。

義政所有の唐物のエピソードとして有名なのは、「馬蝗絆《ばこうはん》」（図5―4）とよばれた龍泉窯の青磁輪花茶碗についての伝承である。近世の儒学者の伊藤東涯《とうがい》によってかかれた『馬蝗絆茶甌《さおう》記《き》』によると、平重盛が浙江省《せっこう》の育王山《いくおうざん》に黄金を喜捨した返礼として仏照《ぶっしょう》禅師から贈られた青磁茶碗という言い伝えがある。真偽のほどはわからないが、その後、義政が所有するところとなったという。その時、底にひび割れがあったため、義政は明に送って替わりの茶碗をもとめたが、明にはこれに替わる優れた青磁はなく、ひび割れを六本のかすがいで止めて日本に送り返してきた。そのかすがいが、あたかも馬蝗（大きないなご）のようにみえたことから、のちに馬蝗絆と名づけられた。

図 5-4　青磁茶碗「銘馬蝗絆」高台（東京国立博物館蔵，TNM Image Archives）
南宋時代　龍泉窯

もっとも義政の手元にあって、後代に東山御物とよばれたコレクションは、祖父の足利義満や父の義教の時代に比べれば減少していた。東山山荘に飾られた唐物は、義政の手元に残された御物の中から選ばれた品々であった。というのも義政の時代は、応仁《おうにん》の乱を経て、幕府が極度の財政難におちいった時期であり、義満や義教の時代に集めた御物の厖大なコレクションの多くを切り売りせざるをえない状況にあったからである。

義政も財政難に対して、手をこまねいていたわけではなく、必要な銅銭を明から得るために遣明船を計画してもいる。しかし、度重なる渡航の延期の末、ようやく応仁二年(一四六八)に派遣した遣明船は、はかばかしい成果を上げなかった。義満の時代には、一万五千貫文もの銅銭が皇帝から回賜されたのに、明が政策を転換し、銅銭を外国使節に贈与することをやめてしまったからである。その後も寛正《かんしょう》五年(一四六四)などに遣明使を派遣したが、義政は銅銭を得ることはできなかった。

そのため義政は義満以降に集められた将軍家の唐物、いわゆる御物をもって幕府の支払いに当てざるをえなかったわけだが、その場合、御物をオークションにかけて売上金を得る方法と、支払いを御物そのもので済ます代納の方法があり、後者の方が多かったという。代納された御物にしても、市場に売り出され、高値で取引されて、さまざまに流出したであろう。単に唐物というばかりでなく、将軍家の旧蔵品の御物であり、同朋衆によって価値づけられた道具類は、やがて茶の湯の名物茶器として流通することになった。

「つくも茄子」の行方

そのひとつの例として、天下無双とされる名物茶器の「つくも茄子」(付藻茄子、図5―5)について、持ち主の変遷をたどりみておこう。

「つくも茄子」は、唐物の茶入《ちゃいれ》(抹茶を入れる小さな容器)で、そもそも義満の所持品であり、義政に受け継がれた、まさしく「御物」の代表であった。義政自身は鎧に入れて携帯するほど愛用していたというエピソードもあるが、結局は寵臣の山名政豊《まさとよ》にあたえている。この唐物茶入は、その後、同時代の茶人である村田珠光《じゅこう》に九十九貫で購入され、これにより九十九をあらわす「つくも」を冠して、「つくも茄子」という銘を得ることになった。もっとも茶道具の秘伝書である『山上宗二記《やまのうえのそうじき》』では、逆に村田珠光がこの茶入を発見し、義政に献上したという話になっており、真偽のほどは定かではないのだが。

ともあれ「つくも茄子」は、戦国時代には越前の大名の朝倉宗滴《そうてき》が五百貫で購入し、その後、同国府中の小袖屋《こそでや》山本宗左衛門《そうざえもん》が千貫で買いとった。詳しい経緯は明らかではないが、「つくも茄子」は、その後さらに戦国大名の松永久秀《まつながひさひで》の手にわたったらしい。「つくも茄子」は転売されるごとに高値になった名物茶器の典型である。

図 5-5　唐物茄子茶入「つくも(付藻)茄子」(静嘉堂文庫美術館イメージアーカイブ／DNP artcom)

そのことを来日した宣教師のフロイスは、『日本史』の中で冷やかに語っている。

柘榴《ざくろ》の実とあまり変わらぬ大きさの、茶の粉を入れる土器を所蔵しています。人々が語るところによれば、その価は二万五千クルザードないし三万クルザードと言われ、その器を「ツクムガミ」と称します。私は、それが彼らの言うほどの莫大な値段であってほしくはありません。霜台(松永久秀)はそれを自分から一万クルザードで買い取る諸侯を望みのままに見出すでありましょう。そして他に三千、四千、五千、八千、一万クルザードの価のそうした茶器は多数あって、それを売買するのは日常のこととなっています。

(『フロイス日本史』中公文庫、一・二五七頁)

やがて松永久秀は、永禄《えいろく》十一年(一五六八)十月に足利義昭を伴って上洛した織田信長へ恭順の意を示して、この「つくも茄子」を献上している(『信長公記』)。信長はその見返りとして、大和一国を統治する権利を松永久秀にあたえたという(『多聞院《たもんいん》日記』永禄十一年十月五日条)。まさに名物茶器が政治的な価値、評価を帯びた瞬間といえるだろう。

「和漢のさかいをまぎらかす」

松永久秀から信長に献上された「つくも茄子」はやがて本能寺の変に巻きこまれ、さらに数奇な運命をたどることになる。それは後述することにして、ここで「つくも茄子」の流転に関わった茶人の村田珠光についてもふれておきたい。

村田珠光（一四二三～一五〇二）は謎につつまれた人物であるが、諸説をまとめると、奈良に生まれ、称名寺に入って僧の修行をしたが、やがて寺を出て茶の修行にはげむことになる。禅を学び、また能阿弥から茶や道具や花についても学んで、茶の中に禅の精神を見いだすという茶《ちゃ》禅一味《ぜんいちみ》の境地を開いたという。能阿弥の引き立てにより、足利義政にも仕えて、茶道師範となったらしい。

珠光の言葉のうち、唐物がらみで大いに注目されるのは、弟子の古市澄胤《ふるいちすみたね》にあたえたという「心の文」（「心の師の文」）の一節である。それは、「和漢のさかいをまぎらかす事、肝要肝要、ようじんあるべき事也」（唐物と和物の境界をとり払うこと。これを肝に銘じ、用心しなくてはならない）というものである。唐物と和物の境をとり払って、同じ価値を持つ茶道具として扱うべきである、唐物が上位にあり、下位に和物があるのではないという教えである。

さらに「心の文」では、茶道の初心者が備前《びぜん》焼・信楽《しがらき》焼などの和物をもって、これこそ「冷《ひ》え枯《か》る」の境地であると名人ぶるのは言語道断といさめている。唐物をふくめて良い茶道具を持ち、その味わいを知り尽くしてたどり着く境地こそ「冷え枯る」、つまり枯淡美の世界なのである。

それにしても「和漢のさかいをまぎらかす」とは、何とも魅力的なフレーズであるが、これは従来は唐物が優位で、和物が劣位であったところを、茶の湯では両者を対等のものとして扱おうという主張にとどまらない。珠光の茶の湯では、唐物と和物の茶道具の質そのものが接近している。和漢並立の茶の湯ではなく、いわば和漢融合の茶の湯である。

たとえば珠光の名のついた「珠光青磁茶碗」(口絵13)は、彼の美意識によって発見された唐物の茶碗といえるが、黄褐色のやや地味な青磁茶碗で、将軍家でもてはやされた龍泉窯の青磁など官窯系の無欠の美とは違った趣《おもむき》である。珠光青磁をはじめ、天目、唐物茶入、呂宋《るそん》茶壺などは、中国南部の民窯で焼かれた非主流的な唐物であり、その延長線上に高麗物といわれる日常の食器のような高麗茶碗があり、備前焼や信楽焼などの和物があることになる。

能楽の金春禅鳳《こんぱるぜんぽう》の『禅鳳雑談《ぞうだん》』には、珠光が「月も雲間のなきは嫌にて候」(月も雲がかかっていないのは嫌である)と言い放ったといい、それが面白いという一節が残されている。これは完全無欠の美の否定であり、唐物においても、龍泉窯の青磁のような完璧な美ではなく、不完全なものに趣があるというのは「わび茶」へつながる新しい美意識、枯淡美を示している。こうした珠光の哲学は、堺の茶人の武野紹鷗《たけのじょうおう》、そして千利休《せんのりきゅう》へと受け継がれていく。

つまり、単に唐物と和物が融和的に使われるだけではなく、もてはやされる唐物や和物にも質の変化がみられるということである。官窯の完成美から民窯の唐物へ、さらに高麗物・和物へのなだらかな転換は、会所での茶から小座敷の茶への転換と一致するものであろう。それは絵画の世界でもまた『君台観左右帳記』のような中国絵画一辺倒の時代から、雪舟《せっしゅう》のような水墨画の境地が生まれはじめたことと、軌を一にしている。

ここにおいて、足利将軍の権威の象徴という、唐物のいわば威信財としての価値は失われたかにみえるが、今度は珠光愛好の茶器であったというブランド性が、「名物《めいぶつ》」とよばれ、高値で取引されていくという現象を生み出すことになる。というのも、珠光は茶人としても、茶器、茶道具の目利きとしても、後の千利休やその弟子たちに高く評価されたからである。珠光所有の茶器は「名物」となり、転売されるごとに高値になっていくという錬金術を生み出していく。

そして時代は、室町将軍と唐物の目利きの同朋衆という組み合わせから、戦国大名と町衆の茶頭《さどう》という組み合わせに転じていくことになるのである。

信長の名物狩り

この茶会を仕切る茶頭という制度を確立したのは、ほかならぬ織田信長であった。信長が本格的に茶の湯に関わるようになるのは、永禄十一年（一五六八）、足利義昭を奉じての上洛以降のことである。

信長の上洛に際しては、先にもふれたように松永久秀が「つくも茄子」を献上して忠誠を誓い、大和一国の支配を許された。その時、堺の豪商の今井宗久《そうきゅう》も、信長と近づきになるため名物の「松島の茶壺」と武野紹鷗が所持していた「茄子茶入」を献上した。それをきっかけに、

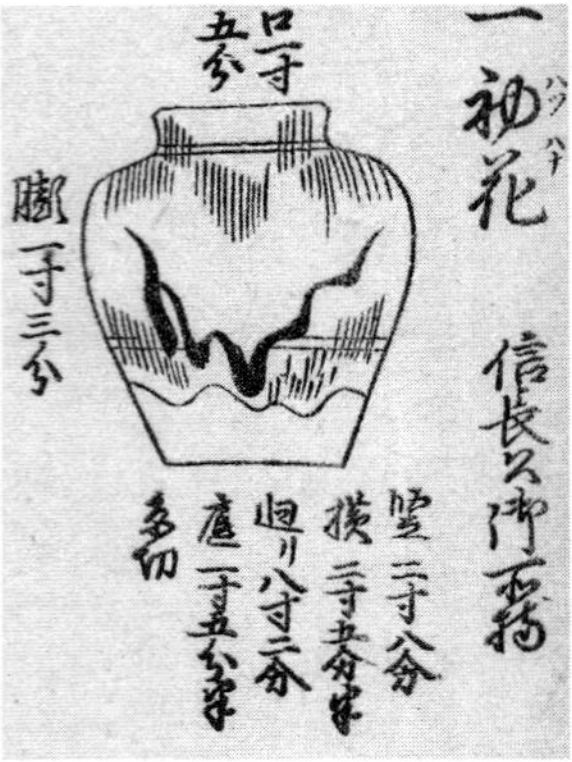

図 5-6　茶入「初花」の図
(『古今和漢萬寶全書七　和漢名物茶入』より)

どうやら信長も茶道具を政治的に活用する方法に目ざめたらしい。翌年から次々に天下の名物の獲得に乗り出していくのである。

手はじめに京では、松井友閑《ゆうかん》と丹羽長秀《ながひで》に命じて、大文字屋《だいもんじや》宗観から「初花肩衝《はつはなかたつき》」(図5―6)の茶入、祐乗坊《ゆうじょうぼう》から「富士茄子《ふじなす》」の茶入、法王寺の竹の茶杓《ちゃしゃく》、池上如慶《じょけい》の「蕪《かぶら》なしの花入」など名物を買い取った。はやくも茶の湯のあらたな利用法を見いだし、活発に動きはじめたということであろうか。『信長公記』には、「唐物、天下の名物を召し置」いたとある。

さらに、永禄十三年(一五七〇)には、同じく松井友閑と丹羽長秀に命じて、堺で名物狩りがおこなわれた。この時点で、津田宗及《そうぎゅう》からは趙昌《ちょうしょう》筆の菓子の絵、薬師院からは「小松島の茶壺」、松永久秀からは玉潤《ぎょくかん》筆の「煙寺晩鐘《えんじばんしょう》」の絵などが買い上げられている。

特に松井友閑は、あたかも足利将軍に仕えた同朋衆のような唐物の目利きで、その後も「天《てん》猫姥口釜《みょううばくちがま》」「松花《まつはな》の茶壺《ちゃつぼ》」「金花の茶壺」などの唐物の名物が信長のもとに集まっていく。信長の収集品の中には戦利品や和睦の証としての献上品の名物茶器も多くふくまれていた。敵対する本願寺の顕如《けんにょ》から贈られた「白天目茶碗《はくてんもくちゃわん》」はその典型であったといえる。

「茶湯御政道」

先ほどふれたように、時代の流れとしては、わび茶が台頭し、非主流の唐物や和物が浮上してくる時期である。しかし信長が収集に腐心したのは、むしろ一時代前の足利将軍家の東山御物を再現するかのような正統派の唐物の名物であり、それは後代に「信長御物」ともよばれた。中国の龍泉窯の青磁や唐物の茶入・茶壺、朝鮮半島からもたらされた陶器、牧谿らの絵画が中心であった。こうしたコレクションは信長や松井友閑の好みの問題もあろうが、茶器を政治的に利用するためにも、この手の唐物の名物が好都合であったからと考えられる。

天正《てんしょう》三年（一五七五）十月、信長は京や堺の豪商十七人を集めて、妙覚寺《みょうかくじ》でそれまでの戦勝を祝う茶会を開いている。床の間には玉澗筆の「煙寺晩鐘」の絵と「三日月の葉茶壺」を飾り、「つくも茄子」「白天目茶碗」「乙御前釜《おとごぜがま》」など秘蔵の名物茶器をここぞとばかり使用したという。数寄者《すきもの》の町衆たちにステイタス・シンボルの名物を披露することで、みずからの権力を誇示し、さらなる恭順をもとめる、一種の文化的なデモンストレーションである。ちなみに、この時は茶の湯全般をとり仕切る「茶頭」を千宗易《そうえき》（後の利休）がつとめている。その他の信長の茶会でも、今井宗久・津田宗及らが「茶頭」として活躍している。

また信長は、名物茶器により茶会を開催しただけでなく、功績を上げた家臣や町衆に名物茶器をおしげもなくあたえて、受けとる側もそれを最大の名誉としていた。滝川一益《かずます》が名物の「珠光小茄子」を信長より拝領したいと願い、叶わずに嘆いたエピソードはよく知られたものである。

天正十年(一五八二)四月、滝川一益は武田氏討伐に関わる軍功の褒美として、「珠光小茄子」の拝領を申し出たが、実際はその茶入ではなく、関東管領に任じられ上野の領地をあたえられた。関東管領のポストは東国武士にとって名誉職ではあったが、一益は落胆して、茶の湯の冥加も尽きてしまったと茶友達に嘆いたという。

そして家臣が運良く信長から名物茶器を拝領しても、実際に茶会を開催し、その名物を披露するには、さらに信長の許可が必要であり、それゆえ名物を使って茶会を開くことは、この上ない名誉であった。その名誉にあずかったのは、わずかに信長の嫡男の信忠《のぶただ》、明智光秀、佐久間信栄《のぶひで》、羽柴《はしば》秀吉、野間長前《ながさき》、村井貞勝《さだかつ》の六名であったという。信忠は家督相続者としての扱いであり、他の五名は格別の褒賞を得たということになる。

武功を立てた家臣に茶道具を下賜し、家中の部下に茶会での使用を許可することは「ゆるし茶湯」といわれるが、後になって秀吉は、信長のやり方を「茶湯御政道《ちゃのゆごせいどう》」とも評している。名物茶器の下賜と茶会の許可を恩賞とすることは、信長にとって、家臣たちを統制する手っとり早い「御政道」の手段にほかならなかったのである。それは足利将軍家が唐物の座敷飾りを威信財・贈与財としたことにならった、あるいはそれ以上に積極的な唐物の名物の活用法であったといってよい。信長の安土城《あづちじょう》の三層構造は足利義満の金閣をモデルとし、信長は義満のような「日本国王」になることを夢みていたという説もあるが、威信財・贈与財として唐物を活用したことにおいても、信長は義満に通じるのである。

しかし、それは正統派の唐物の茶道具が歴史の表舞台で重要視された、いわば終末の光芒であったかもしれない。なぜなら信長が本能寺の変で暗殺されると同時に、多くの名物茶器も焼失の憂き目にあい、そのことが唐物道具の価値の相対化をうながしていったからである。

信長御物から太閤御物へ

茶を政治に最大限に利用した信長だが、じつはその最後にして最大の茶会が、かの本能寺の変の前日に開かれている。

信長はわざわざ安土城から大量の名物を本能寺に運びこみ、大友宗麟《そうりん》と博多の豪商の島井宗室《そうしつ》を正客として茶会を開いた。そして神谷《かみや》宗湛《そうたん》や居あわせた四十数名の公家たちも相客となった。その場で披露された茶器の目録（『仙茶集』「御茶湯道具目録」）が残っており、信長御物のうち、じつに三十八もの名物が結集していたことがわかる。『信長公記』に記された名物の茶道具が五十五ほどであったから、本能寺に運びこまれた名物の数はその八割近く、破格なまでの数量である。「御茶湯道具目録」から主なものを挙げれば、

茶入―つくも茄子・珠光小茄子・円座《えんざ》肩衝《かたつき》・勢高《せいたか》肩衝・万歳大海《まんぜいたいかい》
天目―紹鷗《じょうおう》白天目・犬山かづき天目　茶碗―松本・宗無・珠光茶碗
台―数の台二つ・堆朱龍の台　香炉―千鳥の香炉　花入―貨狄《かてき》・蕪《かぶら》なし・筒瓶《つつへい》青磁
唐絵―趙昌の菓子絵・玉澗古木《ごぼく》と小玉澗・牧谿のくわい・ぬれ鳥
蓋置―開山五徳　水指―切桶・同かえり花・〆切　釜―宮王《みやおう》・田口

などである。唐物が中心となる逸品揃いで、いわゆる「信長御物」の中でも重要な品々ばかりであった。

しかし、これほどの品々も翌朝に起こった本能寺の変で、そのほとんどが灰燼に帰してしまう。本能寺に泊まっていた島井宗室と神谷宗湛は、前日茶会のあった書院に入り、わずかに飾ってあった玉澗の枯木絵と空海筆の「千字文」を持ち出したという。また「つくも茄子」も焼け跡から発見され、秀吉の所持するところとなった。本能寺の変を知った秀吉は、明智光秀を速攻で滅ぼしたが、その後は「つくも茄子」にかぎらず、信長御物の再収集に躍起となってい

る。

そもそも秀吉が名物に目ざめたのは、『信長公記』によれば、天正四年（一五七六）七月に安土城普請の功績により、信長から牧谿の「洞庭秋月《どうていしゅうげつ》」の絵を拝領したことにはじまる。翌年十二月には但馬《たじま》・播磨攻めの功績により「乙御前釜」を贈られている。この二つの名物を飾って、秀吉がはじめて茶会を開いたのは、天正六年（一五七八）十月のことであった。

特に秀吉が感激したのは、天正九年（一五八一）に鳥取城を攻略した功により、信長から但馬の金山とともに八種類の名物茶器をあたえられた際であった。秀吉はその折の感激について、「今生後世に有難く忘れ難く存じ候」と記している。

しかし、秀吉は信長にならって「茶湯御政道」をおこなうとなれば、まずは残された信長御物を集めて、信長の後継者であることを世に知らしめなければならなかった。秀吉は自身の名物狩りや徳川家康をはじめとする諸大名や豪商の献上品により、それを達成していった。信長やその家臣伝来の名物を可能なかぎり集めて、それらは後に太閤御物とよばれるコレクションの約四割を占めるにいたったのである。

天正十一年（一五八三）九月には、大坂城で秀吉や諸家秘蔵のコレクションの、いわば展示会を開いている。また翌年十月の大坂城の茶会では、信長ゆかりの名物茶器を陳列して、織田家の旧臣を招待した。さらに二年後の三月に、秀吉は信長の墓所である大徳寺で盛大な茶会を開き、堺や京の茶人など百五十名を招待している。

こうした機会に、秀吉はそれまでに収集した名物茶器を披露して、名実ともに信長の後継者であることを誇示した。唐物も多くふくまれる名物茶器は、まさに秀吉の政治的立場を保証し、荘厳するものであった。天正十五年(一五八七)には、秀吉は信長が切望しながら入手できなかった唐物茶入の「楢柴肩衝《ならしばかたつき》」を九州の大名の秋月種実《たねざね》から献上され、「初花肩衝」「新田肩衝」とともに、かつては東山御物で「天下三肩衝」とよばれた名物もすべて秀吉のもとに揃うことになった。

図 5-7　**褐釉四耳壺**(呂宋壺, 彦根城博物館蔵)

しかし、信長が東山御物の流れを汲む唐物の茶器ばかりを収集したのに対して、秀吉は千利休のわび茶にも傾倒して、新しい茶の湯や名物茶器の流れを作ってもいくのである。天正十一年(一五八三)には大坂城内に二畳の数奇屋の茶室を作らせ、わび茶の茶会をしばしば楽しんでいる。一方で豪華絢爛なものへのあこがれも強く、かの黄金の茶室を内裏の小御所に持ちこみ、正親町《おおぎまち》天皇や公家たちに茶を献じた。「わび」志向と「豪華」志向が秀吉の中では、矛盾なく共存していたのである。

秀吉は、また呂宋壺《るそん》(図５―７)とよばれる中国南部の民窯からルソン(フィリピン、スペイン領)経由で輸入された壺を愛好し、新たな名物となした。秀吉はルソンとの貿易を独占していたが、呂宋壺に千利休の協力を得て「上中下」の等級をあたえ、銘もつけて、名物としての命を吹きこんだのである。さらに天正十五年十月の北野大茶会に向けて、備前焼や瀬戸焼の水指・瀬戸天目などの和物の収集もおこなっている。

秀吉の茶頭として活躍した千利休も、高麗茶碗に触発されて、長次郎に今焼《いまやき》茶碗(楽茶碗)を作らせ、重要な茶器としたことはよく知られている。北野大茶会の翌年に成立した『山上宗二記』には、唐物の茶碗はすたれて、当世は高麗茶碗や瀬戸茶碗、今焼茶碗が人気があるという記述がある。秀吉はみずからの美意識や利休の鑑識眼を介して、新たな名物を創造したといってもよい。

秀吉の名物茶器は、数からいえば三百二十七点で、信長御物を上まわるものの、もはや唐物中心とはいえない広がりを有していた。信長御物から太閤御物への移行は、唐物が高麗物・呂宋物・和物と共存するという、より多国籍な御物への転換であったともいえよう。

そして秀吉の死後、太閤御物は大坂冬の陣、夏の陣を経て、徳川家康のもとに吸収されていく。その際、秀吉ほど名物茶道具に執着しなかった家康は、名物を贈与財として惜しげもなく政治的に活用していくのである。

家康から柳営御物へ

家康はほんらい茶にあまり興味を持たず、趣味の世界でいえば、囲碁の方を好んでいたという。しかし秀吉につづいて天下を統一する前から、家康は茶道具の価値をよく知っていたらしい。『徳川実紀』で家康にまつわる記録である『東照宮御実紀』から、二つの唐物茶入、「初花肩衝」(図5―6参照)と「投頭巾《なげずきん》肩衝」の行方に注目してみよう。

唐物茶入の名物「初花肩衝」は、くり返すように天下の三大肩衝のひとつであり、『徳川実紀』においては最初に登場する名物である。「初花肩衝」はそもそも東山御物のひとつで、足利義政が、『古今和歌集』恋四の「紅《くれなゐ》の初花《はつはな》染めの色深く思ひし心われ忘れめや」(紅の初咲きの花で染めた色が深いように、あなたを深く思った心を私が忘れるものですか)にちなんで名づけた、由緒正しい最高級の唐物であった。「初花肩衝」は、やがて信長が所有し、後に嫡子の信忠に他の十種の茶道具とともに譲っている。天正五年(一五七七)末、信忠の三位中将の任官を祝ってあたえたのであり、織田家の家督相続の輝かしい証でもあったのである。

ところが天正十年(一五八二)、信長につづいて信忠が明智光秀に滅ぼされた後は、家康が松平念誓《ねんせい》を介して「初花肩衝」を手に入れることになった。その唐物茶入を家康は本能寺の変の翌年、秀吉の賤ヶ岳《しずがたけ》の合戦の戦勝祝いに贈って、秀吉を喜ばせたのである。

秀吉にすれば、信長から信忠に伝えられた「初花肩衝」を入手したことは、信長の後継者としての正統性を保証された気分であっただろう。秀吉は内裏茶会をはじめ、しばしば大きな茶会にこれを愛用している。秀吉の死後は宇喜多秀家《うきたひでいえ》の所有となったが、関ヶ原の合戦ののちにふたたび家康が所有することになった。

このように天下人の間をめぐって、その権威の象徴となった「初花肩衝」であるが、家康はこれを孫である松平忠直に、大坂夏の陣の褒賞として下賜している。忠直は最初、戦に加わらず、「日本一の臆病人」と家康に叱責された。これを恥じて、翌日の戦では真田幸村《さなだゆきむら》らを討ちとり、真っ先に城に乗り入れるという武功を立てて、「初花肩衝」を授けられたのである。そして同時に、将軍秀忠からは「貞宗の御差添《さしぞえ》」が授与されている。これらの褒賞により、忠直朝臣は「日本一の臆病人」という汚名を返上し、天下一の武功をなしたという栄誉を獲得したのである。

「初花肩衝」は、家康の手にわたるまでは、信長、秀吉など、最上位の者の権威の象徴として蓄えられていた。信長は嫡子に譲り、秀吉は自身の茶会に使って権力を誇示し、「初花肩衝」を手放すことはなかった。一方、家康は名物にそれほどの執着はなく、孫とはいえ家臣である松平忠直に褒賞としてあたえ、武功の栄誉をその家系に及ぼした。秀吉のもとでは最高権威の象徴であった「初花肩衝」は、家康の手によって、主従間の最高の褒賞となり、信頼関係を築くための品へと変化したのである。

『東照宮御実紀』には、ほかにも「虚《き》堂墨跡《どうぼくせき》」「蓮花《れんげ》王《おう》の茶壺」「四聖坊《ししょうぼう》肩衝」といった唐物の名物が登場するが、それらも褒賞となったという記事である。「虚堂墨跡」は南宋代末期の臨済宗の僧である虚堂智愚《ちぐ》の墨跡で、池田輝政に下賜されている。中国南部を産地とする「蓮花王の茶壺」は、近江国の膳所《ぜぜ》の城主の戸田一西《かずあき》に、「四聖坊肩衝」とよばれる唐物茶入は、土佐の城主の山内一豊《やまのうちかずとよ》に褒賞としてあたえられている。

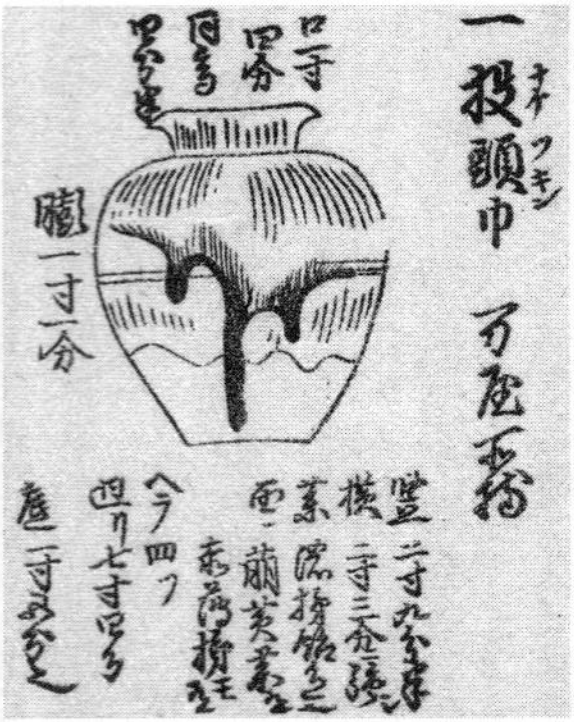

図 5-8　茶入「投頭巾」の図
(『古今和漢萬寶全書七　和漢名物茶入』より)

それでは『徳川実紀』に登場する、もうひとつの名高い唐物茶入、「投頭巾肩衝」(図5―8)の場合はどうだろうか。「投頭巾肩衝」はそもそも村田珠光の所持する名物であった。その名前の由来は、はじめてこの茶入を目にした珠光が、その作りがあまりに素晴らしかったため、感嘆して頭巾を投げたことにちなむという。珠光から娘婿の宗珠の手にわたり、奈良屋又七、千利休、秀吉を経て、家康の所有となった。

慶長《けいちょう》十七年(一六一二)三月、駿府《すんぷ》城にいた家康が江戸城におもむいた際、手厚くもてなした秀忠に対して、家康は珠光が愛した名物の「投頭巾肩衝」を授けている。「初花肩衝」は、孫とはいえ家臣に贈与された。それに対して、「投頭巾肩衝」の場合は、父から子へと贈られており、将軍職の後継者との信頼関係の証として贈られたのであった。その意味で、「投頭巾肩衝」は、織田家の信長と信忠の間ではたした「初花肩衝」の役目を、徳川家ではたしたともいえよう。

じつは家康はこの時、「初花肩衝」と、「新田肩衝」と並んで天下の三肩衝とされた「楢柴肩衝」も持参しており、秀忠に「投頭巾肩衝」と「楢柴肩衝」のどちらかを選ばせたのであった。その際、秀忠は「楢柴肩衝」を選ばず、村田珠光ゆかりで玄人好みの「投頭巾肩衝」を迷わず選んだという。

つまり二代将軍の秀忠の方が家康よりも茶に傾倒し、茶会や茶道具を大事にしていたともいえる。秀忠は、数奇屋御成といって、将軍が臣下を訪ねる際に茶会を組みこむことで、宴の式次第を簡略化するという方法を発明したというが、そのエピソードからも茶の湯好きがうかがわれよう。

こうして家康から二代秀忠へ継承された名物は、三代家光の代になり、さらに内容を充実させていく。それらのコレクションは柳営《りゅうえい》御物とよばれ、『柳営御物集』に記載されている。柳営とは将軍の陣営または居所を指す言葉だが、一説には、柳営とは内大臣の唐名であり、徳川家では、家康が関ヶ原の合戦に勝利した時に内大臣の位に就いていたことから、これを吉祥名として幕府の名に当てたともいう。

柳営御物は諸大名から献上された品も数多いが、将軍から諸大名に下賜されたものも多く、その内実はつねに流動していた。また秀吉の死後は、古田《ふるた》織部《おりべ》や小堀遠州《こぼりえんしゅう》など武家出身の茶人がまったく新しい名物茶器を作り出したこともあって、それらが加わった柳営御物は、太閤御物を吸収しつつも、また異なった様相を呈していくことになるのである。

第六章

庶民が夢みる舶来品へ

—南蛮物・阿蘭陀物への広がり—

輸入された天球儀と地球儀(武雄鍋島家資料，武雄市蔵)

家康の「御分物」

前章では、家康と茶道具との関係をたどりみたが、家康の遺品の中に、茶道具以外の船載品は残されているだろうか。

調べてみると、茶道具にかぎらず中国や朝鮮の品は多く、唐物や高麗物の香道具・文房具をはじめ、染付が多い中国陶器の食器や、唐絹・唐布・唐縞《しま》・高麗縞などの絹布類がある。また麝香・龍脳・牛黄《ごおう》・人参・蜂蜜・朱・犀角《さいかく》・虎骨《ここつ》など南方からもたらされた香料や薬種も見逃すことができない。家康は大変な薬マニアで、みずから調剤して服用していたので、その調剤用の道具も残されている。

一方で、家康はヨーロッパの品々もたくさん所有していた。久能山《くのうさん》の東照宮には家康がメキシコ総督から贈られたというスペイン製の置時計や眼鏡が残っている。また日光と紀州の東照宮は、家康が持っていたという見事な南蛮胴具足《なんばんどうぐそく》（図6—1）をそれぞれ伝えている。

さらに『駿府御分物帳《おわけもの》』という、家康の遺産分配に際して作成された帳面がある。家康が亡くなった際に、遺産の大部分が尾張・水戸・紀州の御三家に分与されたが、そうした品々を「駿府御分物」というのである。その請渡帳によると、南蛮渡来の品には、以下のようなものがある。

武具—南蛮具足・南蛮剣・南蛮筒（鉄砲）
びいどろ（ガラス）—鏡・仙盞瓶《せんさんびん》（ペルシャの銀器を模した水差し）・酒盃・徳利・花入・皿
皮革—羊・らっこ
眼鏡
時計—日時計・砂時計ほか
望遠鏡

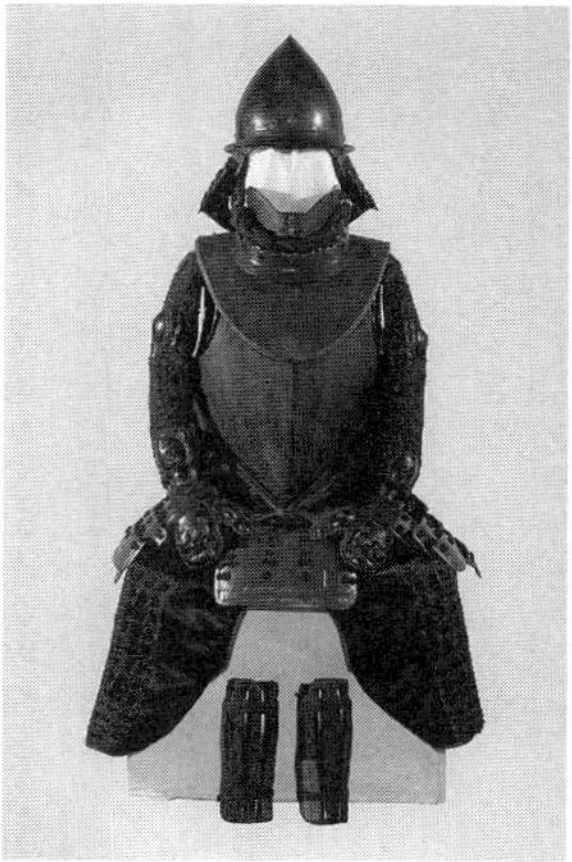

図 6-1　南蛮胴具足（日光東照宮蔵）

しゃぼん（石鹼）
鯨の物差し
葡萄酒
絹布—エゲレス縞・オランダ布・オランダ縞・ビロード・羅紗

家康という権力者がいかに多くの船載品を所有していたかがわかり、唐物・高麗物に加えて南蛮物もあって、その多国籍ぶりもうかがわれるのである。

それでは、家康はどのようなルートでこうした船載品を得たのであろうか。これまでふれてこなかったヨーロッパからの「南蛮物」は、どのように日本に運ばれていたのだろうか。いささか時間をさかのぼることになるが、南蛮貿易とそれにつづく朱印船貿易の展開、そして鎖国にいたる道筋をたどりみておきたい。

南蛮貿易のはじまり

そもそも南蛮貿易の開始は、天文《てんぶん》十二年(一五四三)、中国の海商である王直《おうちょく》の船にポルトガル人が乗り、九州の種子島に漂着したことにはじまる。領主の種子島時尭《ときたか》は、ポルトガル人が持っていた鉄砲を買いもとめて、家臣に製造法を学ばせた。これをきっかけに鉄砲はまたたく間に全国に普及することになった。

一方、天文十八年(一五四九)、イエズス会の宣教師フランシスコ・デ・ザビエルも、ポルトガル王の依頼でインドのゴアにおもむき、そこからさらに日本にわたって、キリスト教を伝えた。ザビエルは京での布教には失敗したが、山口(大内氏)や豊後《ぶんご》(大友氏)の領内では布教に成功する。ザビエルは二度目に大内義隆に謁見した際に、望遠鏡、洋琴、置時計、ギヤマンの水差し、鏡、眼鏡、書籍、絵画、小銃を献上して、義隆を喜ばせたという。

ポルトガル人の貿易は、つねにイエズス会の主導によるカトリック布教と密接に関わっていたから、日本への貿易船もキリスト教を保護する大名の港を選んで入港していた。元亀《げんき》二年(一五七一)に港市として開かれた長崎が、領主大村純忠《すみただ》によってイエズス会に寄進されると、以後ポルトガル船は毎年のようにその地に入港することになった。種子島銃をはじめ、生糸、眼鏡、タバコ、薬品、かぼちゃ、スイカ、トウモロコシ、ジャガイモなども、この頃に輸入されたものである。

また弘治《こうじ》三年(一五五七)にポルトガルが中国・マカオの使用権を獲得すると、マカオを拠点として、中国・ポルトガル・日本の三国の商品が取引されるようになる。ポルトガル船はまずインドのゴアを出帆し、マラッカを経由してマカオに寄り、それまで積んできたヨーロッパの銀貨やオリーブ油、葡萄酒や南海産の香料、薬種などの多くを、日本向けの中国製の生糸や絹織物などの高価な商品に積みかえて、長崎に入港した。

その貿易の対価財は日本の銀であり、取引の後、ポルトガル船は秋の季節風に乗ってマカオにもどったのである。つまり中国製の生糸・絹織物と日本の銀との交換が、南蛮貿易の基本であった。しかし、それだけではなく、ポルトガルからの珍しい品々がもてはやされ、たちまち南蛮ブームを巻き起こしていく。

天正十二年(一五八四)にはスペインの商船が平戸に来航し、貿易もはじまった。スペインはメキシコを経由した太平洋航路を開拓し、ルソンのマニラを拠点として、ポルトガルにつづいて交易をおこなったのである。スペイン船は中国製の生糸をはじめ金・鉛、そして前章でもふれたように、秀吉が愛好した呂宋壺などをもたらした。

信長・秀吉の南蛮趣味

ポルトガル人の貿易はイエズス会の布教とセットであったから、織田信長も布教を許可して宣教師を優遇した結果、キリスト教は畿内の各地に広まっていった。信長はキリスト教じたいにはそれほど興味を持たなかったが、ヨーロッパの技術や知識、文化には強い関心を寄せている。その一例として、イエズス会が安土に作ったセミナリオ(神学校)への訪問があり、天正九年(一五八一)十一月、信長はセミナリオで西洋の音楽を聴き、楽器や時計や鐘などヨーロッパの珍しい文物をみて質問したという。

フロイスの『日本史』は、信長がポルトガルやインドから来た衣服を好み、人々が信長に献上した南蛮の品々には、緋色の外套(マント)、羽飾りのついたビロードの帽子、聖母の像がついた金メダル、コルドバ(スペイン)の革製品、時計、毛皮の外套、ベネチアのガラス器があったと伝えている。なおコンペイ糖は、フロイスが信長にはじめて会った時に献上した菓子として有名になった。

図6-2　南蛮帽子（（公財）土佐山内家宝物資料館蔵）
山内一豊所持

また信長は、フロイスからもらった南蛮渡りの赤地牡丹唐草文天鵞絨《びろうど》洋套《マント》を上杉謙信に贈っており、これがビロードの遺品としては日本最古のものとされている。そのほか信長の南蛮趣味のエピソードとして、南蛮帽子（フェルト製の帽子、図6―2）をかぶって築城の采配をふるったという話がある。天正九年正月の馬揃の盛儀では、信長は唐冠をはじめ中国の皇帝を意識した盛装で、人々を驚かせたが、南蛮渡りの猩々緋《しょうじょうひ》の羅紗（毛織物）と唐錦でできた靴も履いていた。

秀吉も信長と同じく南蛮趣味の持ち主で、ペルシャのタペストリーを陣羽織に仕立てたものが、秀吉の妻の北政所《きたのまんどころ》ゆかりの高台寺《こうだいじ》に残っている（口絵14）。それはライオンや羊や小鳥などを織りこんだカラフルなもので、秀吉の派手好きを如実に示してもいる。大坂城には紅色の外套を十数着もつるした部屋があり、折りたたみ式のベッドも数台置かれていて、秀吉愛用の品々であった。また秀吉は卵や牛肉を好んで食べていたらしい。

南蛮趣味は、秀吉の周囲の武将も同様であった。当時の南蛮ブームについては、秀吉の側にいて通訳を務めたポルトガル人の修道士、ジョアン・ロドリーゲスが伝えている。ロドリーゲスは、朝鮮出兵のため名護屋(現在の唐津)に集まった武将の中で、何かしらポルトガルの衣装を身に着けていないものはなかったと記している。武将たちは、羅紗の合羽や肩掛けマント、襟に襞《ひだ》のついた衣、半ズボン、縁なし帽などを持っていたのである(フロイス『日本史』第五巻)。

秀吉は文禄《ぶんろく》三年(一五九四)の吉野での観桜の宴でも、諸将に南蛮の服装を着用するように命じており、彼らの姿は「豊公《ほうこう》吉野花見図屏風」(細見美術館)にも描かれている。

秀吉の強硬外交

だが、南蛮貿易の隆盛のさなか、秀吉はキリシタン禁止令を天正十五年(一五八七)に出して、宣教師を追放し、貿易のみをおこなうことにした。ここに禁教しながら貿易は推進するという時代の方向性が定まったといってよい。翌十六年には海賊取締令により、秀吉は倭寇をとり締まり、海上支配を強化する一方、商人たちに南方との貿易を奨励した。イエズス会を圧迫しつつ、同年には長崎にやってきたポルトガル船の生糸を買い占めたり、慶長二年(一五九七)にはルソン島から長崎に向かった商船から、翌年にはマニラから長崎に入港したスペイン船から呂宋壺を買い占めようとした。

また秀吉は明に代わって、アジアに日本を中心とした国際秩序を作ろうと企てて、南方諸国に対して朝貢をうながす強硬外交を展開した。天正十九年（一五九一）には、使者をルソンのマニラ総督のもとに送って、入貢をうながしたが、この交渉は五年間に及んだものの、結局は実らなかった。文禄《ぶんろく》二年（一五九三）には高山国《こうざんこく》（台湾）に入貢をうながす使者を派遣しようとしたが、これも実現しなかった。

そもそも秀吉は「唐入り」（明の征討）をめざして、天正十五年（一五八七）に対馬《つしま》の宗氏を通じて、朝鮮に対して入貢と明への先導をもとめていた。さらに、これに従わなかった朝鮮に対して、文禄元年（一五九二）に出兵している。いわゆる文禄の役で、日本軍は当初、有利であったが、朝鮮の水軍の抵抗や明の参戦で不利となり、講和しようとした。

しかし、明に朝鮮の一部の割譲をもとめた秀吉の要求に対して、数年後に明から来た返書にはそのことには一切ふれず、秀吉を臣下の「日本国王に為す」とだけあったため、秀吉は激怒する。和平交渉は決裂して、慶長二年（一五九七）にふたたび十四万の兵を朝鮮へ送ることになる（慶長の役）。しかし翌年八月、秀吉は死を迎えて、日本軍は撤退を余儀なくされたのであった。

家康の親善外交

秀吉の死後、家康はその後処理をする立場に置かれて、親善外交に徹していく。武力によって日本をアジアの国際秩序の中心にしようとした秀吉の強硬外交からの方向転換であった。まず朝鮮出兵については、家康は朝鮮に使者を派遣して、講和の使節の来日をうながしている。そして紆余曲折の末、朝鮮から使節が派遣された後は、明に対して講和と勘合貿易の復活を交渉した。もっとも明からは無反応で、交渉には失敗している。

それはともかく、家康が親善外交を展開するにあたり基盤としたのが、朱印船制度であった。朱印船とは「異国渡海朱印状」という渡航証明書を持つ船のことで、秀吉によって創設されたといわれるが、家康によって大きく発展させられたものである。

家康は、通商の相手としてスペイン領のルソンを重視し、慶長三年(一五九八)と同五年(一六〇〇)に使者を派遣し、朱印船制度の確立やスペイン船の浦賀来航、メキシコとの貿易を申し入れた。その結果、翌年から朱印船が毎年数隻ずつ、ルソンのマニラと長崎の間を行きかうことになる。

さらにカンボジア、シャム(タイ)、パタニ(マレー半島)などの東南アジア諸国にも使者を派遣して外交関係を確立し、朱印船貿易をおこなった。これ以後、寛永《かんえい》十二年(一六三五)まで、じつに三百五十隻以上の日本船が朱印状を得て、台湾、トンキン、シャム、カンボジア、ルソンなどに渡航し、各地に日本人町もできたのである(図6―3)。

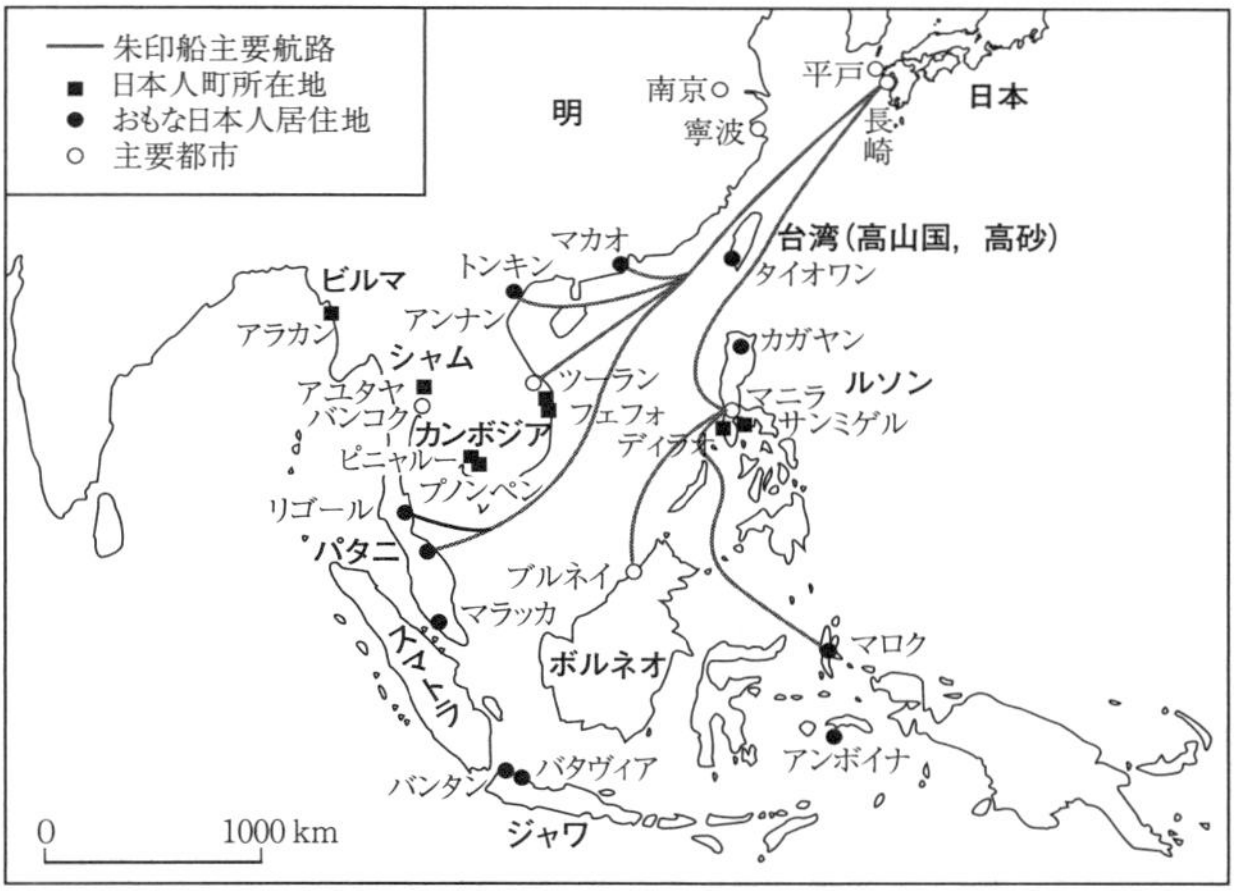

図 6-3　朱印船貿易の地図

南蛮貿易の終焉とオランダの台頭

慶長十四年（一六〇九）に来航したオランダ船が正式に通商をもとめたので、家康は通商を許可し、朱印状をあたえている。オランダは平戸に商館を開設し、やがて台湾を基地として中国（明）の生糸を入手し、日本の銀と交換するという貿易も軌道に乗った。

一方、イギリスも慶長十七年（一六一二）に平戸に商館を開いた。しかし日本で売れるのは、期待していたイギリスの毛織物でなく、中国製の生糸や絹製品の方であった。やがてイギリス商館長のリチャード・コックスは生糸を手に入れようとして、中国商人の李旦《りたん》にだまされ、元和《げんな》九年（一六二三）にはイギリス商館を閉めて、早々と平戸を撤退することになる。

さらに、その翌年の寛永元年(一六二四)には、スペイン船の来航が禁止され、貿易が断たれている。もともとオランダやイギリスが、ライバルのポルトガルやスペインのキリスト教布教は諸国征服の手段にすぎないと非難していたため、幕府はキリシタンへの弾圧を強化し、鎖国体制へと向かったのである。

翌年の寛永二年(一六二五)からは、貿易のために渡来するポルトガル人に対してとり締まりがおこなわれている。ポルトガル人は長崎の出島に隔離され、布教に関わらぬよう厳しい監視下に置かれた。さらに幕府は鎖国令を発し、貿易に関するとり締まりをいっそう強化していく。そして島原・天草の乱を機に、寛永十六年(一六三九)、幕府はポルトガル船の来航を禁止し、鎖国が完成するのである。

翌年、貿易の再開を願って来日したポルトガル使節の大半は処刑され、南蛮貿易は終焉するにいたる。寛永十八年(一六四一)には、空き地になった長崎の出島に平戸のオランダ商館を移している。出島のオランダ商館は、オランダからすれば、バタヴィア(ジャカルタ)に置かれたオランダ東インド会社の支店という扱いであった。

なお中国との貿易に関しては、先にふれたように、家康が明との講和と勘合貿易の復活を願ったがはたせず、それ以降も国家間での通商はなかった。しかし寛永八年(一六三一)には七、八十隻の唐船が九州に来るほど、密貿易は盛んであった。ただ通商の窓口はさらに強力に長崎へと限定されていく。中国も例外ではなく、寛永十二年（一六三五）、幕府は日本人の海外渡航と、海外の日本人の帰国を禁止するが、その際、唐船もすべて長崎に入港するよう決定した。

その頃は唐人屋敷もまだ作られておらず、唐船が長崎に入港すると、乗員は市内の宿に分散して泊まっていた。唐船で来日した人数は、元禄《げんろく》元年（一六八八）には年間で九千人以上にのぼったという。しかし幕府はキリスト教の流入を監視し、密貿易による銀の流出を防ぐため、この年から唐船の来航を年間七十隻に制限し、唐人屋敷を建設している。翌年に唐人屋敷が完成した後は、中国人をそこに押しこめて、それ以外の場所での宿泊を禁止したのである。

鎖国体制の確立

寛永十二年（一六三五）の日本人の海外渡航禁止や、同十六年（一六三九）のポルトガル船の来航禁止などにより、いわゆる鎖国体制は確立した。しかし、長崎でオランダ・中国と通商する以外でも、朝鮮・琉球とも国交があり、アイヌとの交易もつづいていた。

そのことから、最近では鎖国という言葉は使われなくなり、日本は四つの口を開いて、中国と同じように「海禁」（国が対外関係を独占する）をおこなったという風に考えられるようになってきた。その四つの口とは、長崎―オランダ・中国、対馬―朝鮮、薩摩《さつま》―琉球、松前《まつまえ》―アイヌである。

もっとも長崎と他の三つの口は性格を異にしている。他の三つの口は、対馬藩の宗氏、薩摩藩の島津氏、松前藩の松前氏など大名を介した対外関係であるのに対して、長崎は長崎奉行と長崎在住の商人の協力体制による対外貿易で、幕府の管理下にあった。幕府はオランダ・中国との貿易の輸入量や価格を極力統制しようとし、また密貿易をとり締まろうとしている。

オランダとの貿易でもたらされたのは、中国産の生糸・絹織物・白砂糖・香木・薬種・胡椒・鮫皮《さめがわ》などである。後の時代では、東南アジアからの更紗や縞もの、オランダ本国で織られた金糸、銀糸入りの織物、白砂糖であり、それらは「本方荷物《もとかたにもの》」とよばれる公式な荷物であった。

そのほかには「脇荷物」とよばれる個人用貿易品として、ガラス製品・装飾品(耳飾り・指輪など)・文房具・時計・眼鏡・薬物(特にサフラン)などがあった。また「誂物《あつらえもの》」といって、将軍家、幕閣、長崎奉行、長崎の町年寄らの注文品で、書籍・時計・眼鏡・薬品・医療機具も輸入された。これらの輸入品を通じて、日本はオランダをはじめ西洋のイメージを作り上げていったのである。

中国船との貿易でもたらされた品も、生糸・織物(錦・緞子など複雑な絹織物・木綿・麻)・砂糖が主で、ほかに皮革・漢方薬・書籍などがあった(図6—4)。ちなみに日本からは銀・銅・金(小判)・海産物などが輸出された。唐蘭貿易の輸入品はいずれも奢侈的な消費財であり、これ

図 6-4　『日清貿易絵巻』(松浦史料博物館蔵)
長崎で取引された品々

らの対価としての金・銀・銅などの流出の増大に、幕府はしばしば悩まされたのである。

カピタンたちの記録

ところで、オランダ商館長(カピタン)は貿易に関わるばかりでなく、毎年、幕府に「和蘭風説書《オランダふうせつがき》」を提出させられた。「和蘭風説書」とは、カピタンがヨーロッパ各国の情報をまとめ、それを阿蘭陀通詞《つうじ》(通訳)が日本語になおしたもので、当初は、ポルトガルなどヨーロッパの国々の動向や宣教師の潜入を防ぐための情報の入手が目的であったが、やがて貴重な海外情報となった。同じく唐船が入港した際に、乗員の口述や文書をもとに唐通事が作成した「唐船風説書」も重要な海外情報であった。

またカピタンは、総勢六十人ほどで毎年春に江戸まで献上物を運び、将軍に拝謁しなければならなかった。寛永十年(一六三三)以降、江戸参府は年に一度が定例とな

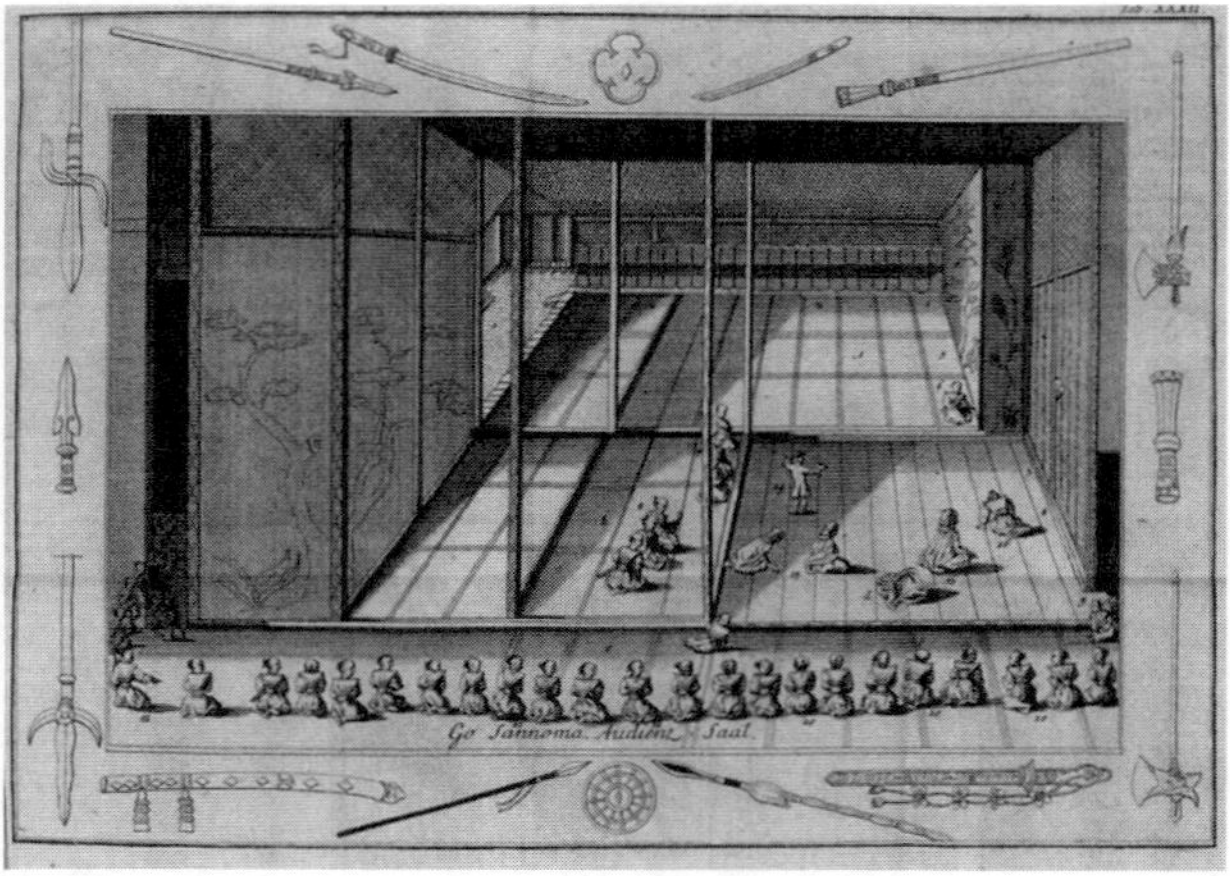

図 6-5　ケンペル『日本誌』(長崎歴史文化博物館蔵)
カピタンの将軍拝礼の図

り、寛政《かんせい》二年(一七九〇)から四年に一度とされたが、それでも嘉永《かえい》三年(一八五〇)まで、じつに百六十六回にわたっている。

芭蕉の俳句にも「阿蘭陀も花に来にけり馬に鞍」(『江戸蛇之《じゃの》鮓《すし》』)とあり、「オランダ商館の一行も桜の季節も一緒にやってきた。我らも馬に鞍を置いて花見に行こうではないか」という意味である。芭蕉には、その前年に詠まれた「甲比丹もつくばはせけり君が春」(『俳諧江戸通り町』)という句もある。「甲比丹」はカピタン、「君」は将軍のことで、三月朔日《ついたち》に将軍に拝謁する際は、カピタンといえども、這うように進み出て、額を床に押しつけねばならなかったのである(図6―5)。

カピタンから将軍への献上品は、ビロー

ドやラシャ・更紗・ペルシャ絨毯など珍しい大量の織物のほか、シャンデリア型の灯籠や地球儀（本章扉）、オルゴール時計なども贈られることがあった。また幕閣たちにも贈り物を届けるのが慣例で、元禄四年（一六九一）三月に江戸入りした一行は「中国やベンガルやその他の国の絹布類数枚・亜麻布・黒のサージ・黒ラシャ・ギンガム・一本のスペイン製の赤ぶどう酒」をそれぞれの屋敷に届けたという。

カピタンの定宿は、江戸が長崎屋、京は海老屋、大坂は長崎屋で、阿蘭陀宿とよばれていた。阿蘭陀宿では、見物人を避けるために窓も小さく隔離された部屋に滞在させられている。逆に一行が江戸の町に出ると、見物の群衆でごったがえし、十人から二十人の警備の侍が見物人が前に出ないようガードしなければならない有様だった。

庶民が異国人の行列をみる機会としては、ほかに朝鮮通信使の来訪もあったが、それが将軍の御代替わりといった稀な機会だけであったのに対して、カピタンの江戸参府は毎年のようにあり、いわば年中行事のように身近なものであった。そのことが庶民の異国への好奇心をかきたて、阿蘭陀物へのあこがれを醸成していく素地になったことはまちがいないのである。

「蘭癖の将軍」吉宗

このように毎年のように江戸に来たカピタンとの対面から、もっとも多くのものを吸収しよ

図6-6　ヨンストン『動物図説』（国立国会図書館ホームページ）

うとした将軍が、ほかならぬ八代将軍吉宗であった。

吉宗というと、質素倹約を旨として財政改革をしたという、いかにも地味なイメージがある。また享保《きょうほう》五年（一七二〇）には唐船打ち払いをして密貿易をとり締まるなど、交易に消極的だった印象を持たれがちである。しかし、じつは「蘭癖《らんぺき》の将軍」ともよばれるほど開明的で、西洋の文物や文化にも深い関心をもって招来しようとした人物である。吉宗は天文や暦、地理、博物学など実学的な学問を好み、進取の気性に富んでいたので、洋学も大いに活用しようとしたのである。

また狩猟を好む吉宗は、馬や馬術に関心が深く、享保二年（一七一七）に江戸滞在中のカピタンのアウエルに、オランダでは鷹狩りをするか、美しい大きな馬がいるか、などと質問している。吉宗は将軍家の蔵書庫である紅葉山《もみじやま》文庫から、ヨンストンが著した『動物図説』（図6―6）を持ち出し、アウエルに動物の名前を日本語に翻訳できるかどうかも尋ねさせている。

翌年の享保三年（一七一八）のカピタンの江戸参府時にも同様な質問をくり返し、十月には、バタヴィア（ジャカルタ）から馬や猟犬を連れてくるようにもとめている。吉宗の要請がその後もつづいたので、断っていたカピタンもついに享保十年（一七二五）には、江戸にアラビア馬を五頭連れてきて、吉宗に献上している。その後も馬の献上はつづき、合計二十七頭が招来された。

吉宗は中国の馬についても、享保三年（一七一八）に唐船頭に唐馬二頭と唐馬具を輸入するよう要請している。もっとも唐馬具は十月に輸入されたものの、唐馬の招来は、清国の法律で輸出が禁じられていたため、大変であったらしく、二年後の享保五年（一七二〇）にようやく叶ったという。

享保十一年（一七二六）には、カピタンにしたがって、馬術師のケイズルが江戸にやってきて、オランダの騎馬法を実演してみせた。ケイズルを大いに気に入った吉宗は、その後、富田又左《またざ》衛門《えもん》を長崎に派遣して、ケイズルから洋式の騎馬法を習わせたり、ケイズルを江戸におよび寄せて厚遇したという。ケイズルの巧みな馬術は、「和蘭馬芸之図」（東京国立博物館）に写されており、富田又左衛門が長崎でケイズルから教えられた内容をまとめた報告書が「乗方聞書《のりかたききがき》」である。

このように馬や馬術の輸入をみてくると、吉宗は単なる好奇心ではなく、実学的な関心から舶来品に接していたと考えられる。そのもっとも顕著な例は、書籍に関することであり、吉宗は清から積極的に書籍を購入して、学者に研究させるばかりではなく、自身も読んで施策や産業の振興に活かした。享保五年(一七二〇)には、吉宗はキリスト教に関わるものを除き、「漢訳洋書輸入の禁」を緩めている。この規制緩和は「蘭学の夜明け」として注目されているが、唐蘭の科学技術、地誌や明・清の法制度に関する書物の輸入を急増させ、吉宗の施策にも大いに貢献することになったのである。

朝鮮人参とサトウキビの国産化

吉宗の施策の特徴として、輸入品の国産化の奨励を挙げることができるが、そこには中国の地誌の輸入が大きく貢献していた。「漢訳洋書輸入の禁」の緩和により、世界中の農作物を列挙した地誌の輸入が可能となり、農作物の知識を体系的に獲得することができるようになったのである。さらに日本の風土に適した農作物を見極めるために、種・苗木・根茎が輸入され、栽培が試みられたのが朝鮮人参だった。

長崎貿易で一番多く取引されたのが生糸、つづいては薬種で、その中では朝鮮人参がトップを占めていた。朝鮮人参は万能薬としてもてはやされたが、輸入に頼るほかなく高価で、対価の銀が日本から流出していくばかりであった。それを吉宗も憂慮して、朝鮮人参の国産化をはかろうとしたのである。

しかし、朝鮮人参の国産化には多くの困難が待ちかまえていた。まず朝鮮人参の栽培を日本でするには、乾燥した薬種の人参ではなく、種か生草《せいそう》を手に入れる必要があるが、そもそも生の人参の持ち出しは朝鮮が厳禁していたことであった。

吉宗が対馬藩に生草の入手を命じると、対馬藩は困惑しつつも朝鮮の国禁をかいくぐって、何とか三本の人参の生草を密輸入することに成功した。享保六年(一七二一)十月に江戸に届いた人参に吉宗はいたく喜び、小石川薬園に植えられたものの、この時は移植に失敗する。

享保十二年(一七二七)には、対馬藩から生草七本と種子が、長崎の中国(清国)商人からも生草三本と種子がもたらされたが、吉宗は以前の失敗に鑑みて、これらを小石川薬園ではなく、朝鮮の気候に近い天領の日光に植えさせた。神君家康のご加護があったのかもしれないが、種子の方が発芽して、やがて立派な人参ができるようになったのである。

この人参は「御種《おたね》人参」とよばれ、幕府の直轄地で栽培されたばかりでなく、幕府が各地に種を配布して栽培を奨励したので、国産の人参の生産量は一気に高まった。後の時代の天明《てんめい》期(一七八一〜八九)には、人参は中国に向けて輸出されるまでにいたったという。

輸入していた植物を国産化するという吉宗の試みは朝鮮人参にかぎらず、サトウキビ(甘蔗《かんしょ》)の栽培にも成功している。サトウキビについては、吉宗は享保十一年(一七二六)に長崎奉行と唐通事を介して、清の商人から栽培の情報を集めさせた。また琉球からサトウキビの苗をとり寄せ、浜御殿や江戸城内、さらには武蔵国や駿河《するが》、長崎で栽培を試みさせた。一方で、小姓の磯野政武に樹液の精製方法を調べさせ、享保十二年(一七二七)に黒砂糖を作ることに成功している。

吉宗は朝鮮人参と同じく、他の領地や大名にサトウキビの苗を分けあたえて栽培を奨励し、全国規模での栽培がはじまった。さらに船載された中国の地誌やその類書からサトウキビ栽培の手引書を作らせるなど、吉宗は意欲的に砂糖の国産化に努めたのである。その結果が実って、半世紀後には、朝鮮人参と同じく、主要な輸入品であった砂糖も、かなりの部分の自給が可能になった。文化《ぶんか》十年(一八一三)には、江戸の砂糖の七割は国産品であったといわれる。

このように吉宗は舶来品を集めるばかりでなく、有用な舶来品についての情報も集めて、国産化を試みる施策により、鎖国でありながら海外貿易に依存していた経済からの脱却をはかったのである。

天皇に謁見した象

話が吉宗と植物、本草学《ほんぞうがく》の関心へと広がってしまったが、ここで動物に話をもどしてみたい。吉宗と動物といえば、アラビア馬以上に有名なのが、ベトナム象を招来した話である。

吉宗が将軍職に就いてすぐに、紅葉山文庫からヨンストンの『動物図説』を持ち出して読んでいたことは先にふれたが、『動物図説』ではアラビア馬の次に、象の図があったらしい。享保十年(一七二五)にアラビア馬が五頭献上され、翌年にケイズルの馬術をみたあたりから、馬への執着もだいぶ満たされて、象へと関心が広がっていったようである。

それでは象はどのようにして江戸にやってきたのであろうか。吉宗が象を招来したがっていることが噂となり、享保十一年(一七二六)十二月に、呉子明《ごしめい》という唐船の船頭が象を献上することを申し出ている。翌年四月に呉子明は長崎を出航したが、結局、象を連れてきたのは、鄭《てい》大威《たいい》という船頭の船で、享保十三年六月のことであった。鄭大威が運んできたのは七歳の雄と五歳の雌の象で、江南人(ベトナム人)の二人の象使いも一緒であった。「唐蘭船持渡《とうらんせんもちわたり》鳥獣図」(慶應義塾大学三田図書館)には雌雄の象が描かれているが、それは到着直後の象の絵といわれる。しかし、残念ながら雌の象は、九月に舌の腫れ物で死んでしまう。

翌年、いよいよ雄の象は江戸まで牽かれていくことになった。海路で運ぶことも検討されたが、日本の小さな船で象を運ぶことは危険ということで、陸路を歩いていくことになったのである。

二月には勘定奉行が長崎から江戸までの街道筋におふれを出し、象のエサとなる大量の食料や水についての指示や、象の見物人が騒がしくしないようにといった注意を細かく出している。そして準備万端整ったところで、雄の象は三月十三日に長崎を出発した。一日、五、六里といった、ゆったりとした行程で、下関・兵庫・尼崎・大坂を通過して、約一カ月半を経て、四月二十六日にようやく京に入ったのである。

京に着いた象は、名誉にも中御門《なかみかど》天皇と霊元《れいげん》上皇に拝謁することになった。ところが無位無官の者は拝謁できないということで、従四位の位をあたえられ、「従四位広南白象」ということになった。もっとも象の位階については、『江戸名所図会』(一八三六)以前の記録にはないことから、臆説にすぎないという見方もある。ともあれ四月二十八日に象はいよいよ宮中に参内し、さらに上皇の宮に連れていかれた。磨き立てられ、顔に白粉も塗った象は、拝謁の折は前足を折って頭を垂れて敬礼した。それから酒を数斗飲み、饅頭を百余、みかんを百個も食べたという。

その折、象を題にした歌が次々に詠まれ、中御門天皇が詠んだ歌も今日に伝わっている。

時しあれば他の国なるけだものをけふ九重に見るぞうれしき

象が天皇に拝謁したところは、後の時代ではあるが、筑前《ちくぜん》の画家、尾形探香《たんこう》によって絵巻(図6—7)にもされた。まさに長崎から江戸までの象の道行は一大イベントで、人々の記憶に残るものであったのだろう。

翌日、京を発した象は、中山道を通って名古屋に出て、東海道を下った。途中、箱根の宿では病気になり、しばらく滞在した後、五月二十五日に江戸に入った。長崎を出てから、じつに六十二日目のことであった。雄象は江戸の市中を練り歩いて、観衆の熱狂的な歓迎を受けなが

図 6-7　尾形探香『象之繪巻』(関西大学図書館蔵)
象の道行と，中御門天皇が象を見物する絵

ら、浜御殿に収容された。

そして吉宗が待望の象と対面したのは、二日後の五月二十七日のことである。吉宗が大広間の車寄で桜田門から入ってきた象をみた後、諸役人や女中たちも見物した。その後も吉宗は、六月九日には浜御殿に、二十一日には江戸城の西の丸に象を召して、楽しんだという。その翌年の享保十五年(一七三〇)六月十二日にも城内で象をみている。しかし同じ月末には、御用済ということで象を払い下げにしようとしたが、引きとり手もなく、浜御殿でそのまま飼育された。

象は享保十八年(一七三三)には、象の糞を加工した象洞《ぞうどう》という薬の宣伝のため、中野《なかの》村の農民、源助らに貸し出され、しばらく見世物となった。さらに寛保《かんぽう》元年(一七四一)四月には、源助らに払い下げられた。源助は四谷中野村に象小屋を建てて、往来の人々にみせて見物料をとったという。もっとも源助の管理が悪かったのか、翌年の十二月に象は病死し、二十一歳の生涯を終えることになる。しかし、源助はその後も象の骨を見世物としたらしく、現在は「馴《じゅん》象之枯骨《ぞうのここつ》」として、中野の宝仙寺にその牙の一部が遺されている。

庶民たちの「象フィーバー」

享保の渡来象は、このように道中の見物人に熱狂的な歓迎を受けて、払い下げの後、見世物になったばかりでない。象に関係するさまざまな出版ブームを招いたのである。象が参内するのと前後して、京都では『象志《ぞうし》』という本が出版され、かなりの人気を博したらしい。馴象図が最初にあり、今回の象に関する記事、象の形・象の肉・象牙、その習性など、象に関する一種のマニュアル本である。

さらに漢文で書かれた『象志』に対して、それを平仮名入りで平易に書きなおした『象のみつぎ』という本も出版されている。この二つは象が江戸に到着する前に、すでに江戸の版元でも出版され、象フィーバーをいやが上にも煽ったらしい。京の版元からは、六人の公卿の象の詩を集めた『詠象詩』や、白梅園の『霊象貢珍記』も出版され、江戸では『馴象編』という漢詩集と、啓蒙書の『馴象俗談』がつづいた。

「象のかわら版」も、やはり江戸に到着前に出ており、いまでいえば新聞の号外といったところで、こちらの方がさらに影響力があったかもしれない。黒い象に大きな傘をかぶった髭の異国人が乗った絵で、上半分には象の巨体についての説明や寿命などが記されている。その他、象の絵、泥人形、象を彫った印籠など象グッズもたくさん作られ、飛ぶように売れたという。象ブームは長崎から江戸までの象の道行だけで起きたわけではなく、いま風にいえばメディア・ミックスで象フィーバーが起こったのであった。

つまり吉宗の象騒ぎは、将軍の好奇心や自負心を満足させたにとどまらなかった。これまでの渡来象との本質的な違いは、象の道行そのものが庶民の見世物となり、記念本や記念グッズがその人気を煽るといった、いわば興行面の成功である。民間に払い下げられ、象の見世物小屋ができたことも、それまではなかったことである。享保の象は、吉宗の博物学的関心を満足させたばかりでなく、庶民の異国への好奇心やあこがれの回路を大きく拓いたのであった。

もとより従来からあった長崎のカピタンや朝鮮通信使の江戸までの道行パレードも、庶民が異国の雰囲気にふれ、見物を楽しむ機会であった。その行列が絵となったり、ガイドブックが出版されたりもした。象のパレードは、人が動物に代わっただけのことと思われるかもしれないが、しかし後の時代に、異国の珍獣を見世物としてみるという習慣を庶民にもたらした点でも、画期的であったのである。

江戸初期の唐物屋

もっとも、異国の文物が庶民の関心を惹く別のルートとして、唐物・蘭物をとり混ぜて扱う「唐物屋《からものや》」の存在があったことも忘れてはならない。つづいて、庶民の異国趣味により添った唐物屋の歴史にスポットを当ててみたい。そもそも唐物屋はいつ頃、登場したのだろうか。

前章でみたように、室町時代の唐物は、主に日明貿易に関わった足利将軍や有力な寺社のもとに集まっていたが、一方で唐物が贈答され、市場に売り出されることもあった。特に室町幕府が弱体化したあとは、多くの御物は市場に放出され、商人の手を経て、さまざまに流通していく。そうした御物を戦国大名たちは買いあさり、そのはてに信長の名物狩りのような極端な例もあったわけである。唐物を仲介して売買した商人の活動は室町時代も活発であったが、とはいえ、そうした商人を当時、唐物屋とよんだわけではなかった。唐物屋が文献に出てくるのは、江戸時代になってからである。

江戸初期の唐物屋の実態がわかる資料は、岡佳子氏の研究によれば、鹿苑寺《ろくおんじ》(金閣)の住職である鳳林承章《ほうりんじょうしょう》が書いた日記、『隔蓂記《かくめいき》』とされる。『隔蓂記』は寛永十二年(一六三五)から寛文《かんぶん》八年(一六六八)までの日記で、何人も唐物屋が登場するが、鳳林承章が特に懇意にしていたのが、大平五兵衛と藤田次郎左衛門である。

大平五兵衛は、瀬戸・京焼・備前など和物の陶磁器を主に扱う商人であるのに対して、藤田次郎左衛門は、大坂を本拠地として、唐物・高麗物、あるいは安南(ベトナム)などの輸入品を扱っており、その取得ルートは長崎―大坂―京であったという。寛永十六年(一六三九)十一月には、鳳林承章が大平五兵衛を介して、唐物屋半兵衛なる者と会い、半兵衛が長崎から直接買いつけてきた舶来の珍品に驚いている。『隔蓂記』にみえる人物により唐物屋を代表させるならば、当時は舶載品を扱う商人ばかりでなく、織物、絵画、唐物・和物をふくめた茶道具を扱う商人を広く「唐物屋」といったようで、道具のすぐれた目利きでもあった。京では三条あたりに住まいを構える者が多かったようである。

もっとも『隔蓂記』を記した鳳林承章は後陽成院《ごようぜい》の従兄弟という高い出自で、公家や幕府の要人とも親交があったというから、京の唐物屋がもっぱら相手としていたのは、大名や公家をはじめとする上客である。いまでいえば、さしずめ高級美術商といったところであろうか。こうした上客には唐物屋の方が出向いたり、茶会などに一緒に出かけたり、時には客の茶器を鑑定し売りに出したりといった関係であった。

やや時代がくだって、天和《てんな》二年(一六八二)に出版された、井原西鶴の『好色一代男』巻一にも、主人公世之助《よのすけ》と一緒に遊郭におもむく太鼓持ちの唐物屋の瀬平《せへい》という人物が出てくる。唐物屋が扱うのは高級品ばかりなので、店で売るばかりでなく、金持ちの上客の方に出向いて、おもねって商売をする必要があり、そうした経緯から唐物屋が太鼓持ちになることもあったらしい。『好色一代男』は、そんな唐物屋の姿を活写している。

西鶴のまなざし

西鶴の名前が出たところで、その作品に登場する唐物屋や唐物について一瞥してみよう。

唐物屋からみていくと、『世間胸算用』(一六九二)の巻三では、加賀金春《かがこんぱる》の勧進能を見物する裕福な町人が、唐物屋をはじめ医者や呉服屋、儒者や連歌師をお供に控えさせていたという話がある。『好色一代男』の瀬平と同じく、金持ちにおもねる唐物屋の一人であろう。また『西鶴諸国ばなし』(一六八五)の巻一には唐物屋十左衛門なる人物が出てくるが、後藤徳乗《とくじょう》作の小柄《こづか》(小刀)を一両二歩で買いとる商人でもあり、唐物屋が唐物だけでなく、名品を買いとる古道具屋を兼ねた商売であることがうかがえる。

そんな唐物屋は長崎でどのように商品を仕入れていたのか。西鶴が町人たちの日常を描いた『日本永代蔵』(一六八八)をみてみよう。『日本永代蔵』の巻四・巻五には、京・大坂・江戸・堺の商人たちが長崎の入札市で唐織・糸・薬種・鮫・伽羅・道具といった唐物を漁り、買えば必ず儲かるので、金に糸目をつけず何でも買いとってしまうとある。商人たちにとって舶来品の質は二の次で、舶来品であるという事実の方が大事なのである。その意味で長崎は「日本富貴の宝の津」であり、そこでの入札市は「宝の市」といわれる。

また同じく巻五では、唐物が安い時に買い置きし、頃合いをみて売りに出すことは利益を得ることだと勧めている。巻六で、堺の商人が先祖から五代にわたって、唐物や名物の諸道具・唐織を買い置きして蔵に収めて大金持ちになったとあるが、相場が安い時に購入したばかりでなく、唐物が「昔渡り」とか「時代渡り」とかいわれる年代物になれば価値が上がるからでもあろう。巻三では、菊屋という質屋が、長谷寺にあった年代物の唐織の戸帳《とちょう》をだましとって、それを茶入の袋に加工して大儲けした話が出てくる。

以上は唐物を長崎で仕入れて売る側の話であるが、唐物を買う側については、西鶴はどう思っていたのだろうか。『世間胸算用』巻一では、大坂では家々で正月用の伊勢海老を競って買いもとめるので、入手困難となり、唐物を買うように難しいと評している。ということは、唐物は富裕でない庶民にとっては、まだまだ稀少品で高嶺の花であったと考えるべきであろう。また同じ巻一で、舶来の時代物の本繻子で作った帯に、銀二枚もはたいて分不相応にまとう町人の女房を、天の咎めも恐ろしいと批判している。

『日本永代蔵』巻三では、新田開発で成功した万屋三弥《よろずやさんや》という者が、唐物も使って屋敷を桁外れに中国風の豪華なものにしたことを、天の咎めもあるだろうと批判しているが、案の定やがて破産するという話がある。巻六では、懐中合羽を発明して大成功した三文字屋という町人が、「本朝の織絹、唐物を調《ととの》へ、毛類《けるい》は猩々緋《しやうじやうひ》の百間《ひやくけん》つづき、虎の皮千枚にても、黄羅紗《きらしや》・紫羅紗《むらさきらしや》」と都にもみられない品々を持つ長者とされている。どちらも一代で財をなしただけあって、成金趣味的な唐物の集め方である。

『好色一代男』をはじめ西鶴の好色物では、こうした唐物で着飾った富裕層（大尽）が、吉原の遊郭に遊ぶ客として、しばしば語られてもいる。また『男色大鑑』（一六八七）の巻五では、最近は役者までが舶来の唐織・金襴・羅紗を身の程しらずに着ていると批判している。西鶴の作品からは、万事、世の中が贅沢になり、分不相応に唐物で飾り立てる町人や役者を、冷やかに

図 6-8　唐物屋『人倫訓蒙図彙』（京都大学附属図書館蔵）

みている作者の視線が感じられるのである。

庶民でにぎわう唐物屋

じつは西鶴の時代の唐物や唐物屋については、別の手がかりもある。それは『日本永代蔵』と『世間胸算用』のちょうど中間の元禄三年（一六九〇）に刊行された『人倫訓蒙図彙《じんりんきんもうずい》』（図6―8）で、唐物屋の図と説明が収められている。『人倫訓蒙図彙』は上方で出版され、あらゆる身分・職業の解説と図を載せた一種の風俗事典のようなものであるが、唐物屋が描かれた最初の図絵である。

そこでは、煙草盆をはさんで、キセルをくわえた町人の客と相対する唐物屋の主人の姿が描かれているが（図右）、『隔蓂記』に出てくるような高級美術商といった風情ではない。主人の背後には、ガラス器やフラスコ瓶、まるめた生地、筆などの商品がみえ、図の上には「器物、香具、革、紙、薬、墨、筆等万《よろづ》長崎着岸の物をかいとりてこれをあきなふ所々にあり」と簡単な説明がつけられている。

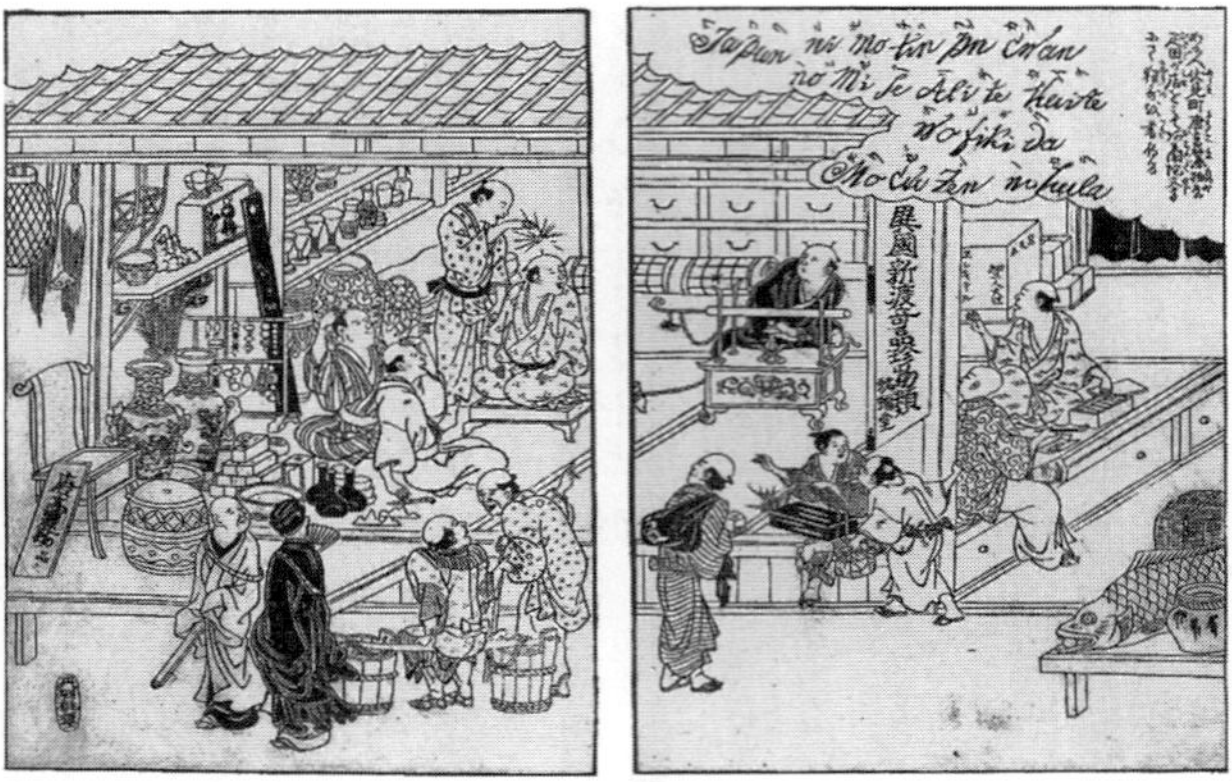

図 6–9　唐物屋『摂津名所図会』(神戸市立博物館蔵)

やや時代がくだって、『摂津名所図会』(一七九六、図6—9)には、さらに詳しく唐物屋の店先が描かれている。これは大坂伏見町にある疋田《ひきた》屋《や》蝙蝠堂《こうもりどう》という唐物屋を描いたもので、店は「異国新渡奇品珍物類」という看板をかかげている。店の奥でエレキテルの実験をしているし、さらに奥の棚にはコップやフラスコなどギヤマンとよばれたガラス製品が並んでいる。その手前には、洋風の椅子や花瓶などの中国の陶磁器も並んでいて、孔雀の羽をさしたものもある。

画面右上には「ワコクニモ　チンプンカンノミセアリテ　カイテヲヒキダ　モクゼンノカラ」(「和国にも　ちんぷんかんぷんの店ありて　買い手を退きだ　目前の空」)の狂歌がアルファベットで書かれ、異国情緒をただよわせている。

エレキテルといえば、平賀源内が長崎滞在中に破損したエレキテルの箱を手に入れ、それを修理して、江戸でエレキテルの実験に成功したのが、安永《あんえい》五年(一七七六)のことであるから、それから急速にエレキテルの実験が世に広まったことになる。『摂津名所図会』でもエレキテルの実演を中心に人が集まり、唐物屋の店先はにぎわっている。

図6-10 「大阪市立住まいのミュージアム 大阪くらしの今昔館」に再現された唐物屋(提供・大阪くらしの今昔館)

ところで『摂津名所図会』の唐物屋を今日、体験できる貴重な空間が大阪にある。大阪市の「住まいのミュージアム 大阪くらしの今昔館」(天神橋筋六丁目)がそれで、九階のフロアに『摂津名所図会』の町並みが実物大で復元され、その中に唐物屋も入っている(図6―10)。高級インテリアや食器などを扱った異国情緒あふれる店として唐物屋が再現されていて、訪れる人を楽しませてくれるのである。

話を江戸時代にもどすと、当時、唐物屋を物珍しさで訪れる人は多くても、実際に買う客はそう多くはなかったらしい。川柳(雑俳)にも、

売るともなしに身過ぎの唐物や　（『はいかい口よせ草』、元文《げんぶん》元年、一七三六）

精出して売顔でなし唐物屋　（『武玉川』初篇、寛延《かんえん》三年、一七五〇）

などとある。今日でも高級ブランド店をウィンドウ・ショッピングする人は多くても、実際に購入する人は少ないことに通じる現象だろうか。

唐物屋の絵では、『摂津名所図会』と同じ時期に刊行された黄表紙の『中華《から》手本《でほん》唐人蔵《とうじんぐら》』（築《つき》地《じ》善交《ぜんこう》作、北尾重政画、寛政八年、一七九六）の最後に登場する唐物屋も、当時の面影を伝えるものとして興味深い。そこには、異国趣味をあらわす玳瑁（べっこう）や孔雀の羽根、西洋の男女を描いた油絵、洋簞笥、ギヤマン細工の器が描かれている。

『中華手本唐人蔵』はそもそも『仮名手本忠臣蔵』のパロディで、塩冶《えんや》判官《はんがん》（浅野内匠頭《たくみのかみ》に相当）の家臣たちが、和泉《いずみ》国の唐物屋の天川屋《あまかわや》義平《ぎへい》からエレキテルを買って、高師直《こうのもろなお》（吉良上野介《きらこうずけのすけ》に相当）を宝合《たからあわせ》（珍物会）で懲らしめる話である。天川屋義平は江戸に出て「高津屋引兵衛」（高くても値引きするという意味）と名乗って唐物屋をはじめて繁盛したというところで物語は大団円となる。その途中でも、阿蘭陀製の小型ナイフや望遠鏡、メガホン、腑分図《ふわけず》、万国図（世界地図）などが次々に出てきて、蘭物満載である。

阿蘭陀趣味の流行

以上のように、江戸初期の唐物屋は富裕な上客を相手に、広く唐物・和物の茶道具を中心に商っていたのが、時代が下ると、長崎から運ばれる唐物・蘭物をとりまぜて売るようになり、特に蘭物の物珍しさが人目を引いて、購買層も広がっていったと考えられる。ちなみに唐物屋の読みも最初は「からものや」ばかりであるが、後の時代になると「とうものや」「とうぶつや」と読ませる場合があり、蘭物が多くなっていたことと関係があるのかもしれない。そして、この唐物屋の購買層の広がりを支えていたのが、庶民のいわゆる阿蘭陀趣味であった。

もとより長崎で日蘭貿易がおこなわれても、吉宗以前は富裕層どまりであって、海外の品々が庶民の生活まで浸透することは難しかった。しかし、吉宗の「漢訳洋書輸入の禁」の規制緩和により蘭学も隆盛し、阿蘭陀についての一般向けの書物も出版されるようになった。その口火を切ったのは、『増補華夷通商考《ぞうほかいつうしょうこう》』(宝永五年、一七〇八)で、世界地図が載せられ、オランダの地理や商業が紹介されており、好評であったために何度も版を重ねている。

また明和《めいわ》二年(一七六五)に刊行された『紅毛談《おらんだばなし》』もオランダの風俗・地理・動植物を紹介したもので、はじめてエレキテルについて言及したことで知られている。やや遅れて出版された『紅毛雑話《こうもうざつわ》』(一七八七)は、幕府の奥医師であった桂川甫周《かつらがわほしゅう》がオランダ人に対面して得た情報を弟の森島中良《ちゅうりょう》らが一般向けに解説したもので、バトミントンのシャトルやラケットの絵もある。また顕微鏡でみた蚊やぼうふら、米、芥子《けし》などの絵も載せられている。

こうした海外情報が武士や富裕層から庶民へと拡散したこともあって、明和から天明年間（一七六四〜八九）あたりに阿蘭陀物が大いに流行ったらしい。只野真葛《ただのまくず》の『むかしばなし』（文化九年、一八一二）も、「その頃オランダ物大流行にてありし」と伝えている。かの杉田玄白《すぎたげんぱく》の『蘭学事始』（文化十二年、一八一五）も、「その頃（明和頃）より世人何となくかの国持渡りのものを奇珍とし、総べてその舶来の珍器の類を好み、少しく好事と聞こえし人は、多くも少なくもと り聚めて常に愛せざるはなし」とやはり庶民の阿蘭陀趣味の流行を伝えているのである。

加藤曳尾庵《えいびあん》の『我衣《わがころも》』では安永《あんえい》八年（一七七九）について、「硝子細工《がらすざいく》大に流行す。ギヤマン彫り、又水晶印など此時よりはやる。浅草に唐物眼鏡類、又は硝子を商ふみせ出る。惣躰に唐物、阿蘭陀ものはやる」とガラス細工が流行し、浅草に眼鏡やガラスを売る唐物屋ができたことや、全体として唐物や阿蘭陀物が流行していたことを述べている。

眼鏡のみならず、ガラスのレンズ製品の望遠鏡も遠眼鏡とよばれて、天体観測ばかりでなく、遠くをみる楽しみに使われた。美人画にも遠眼鏡で興ずる美人たちがしばしば描かれている。また暗箱の中に絵をはめ、それを凸レンズでのぞく「浮絵《うきえ》」とよばれる眼鏡絵も見世物として流行した。

ガラス製品ではワインボトルのフラスコ（口絵16）や、ワイングラスが人気があり、長崎など日本で作られた模造品も出まわったのである。

文政年間（一八一九年あたり）には、ガラス細工の見世物もあり、ガラス製品の人気をうかがわせる。両国橋の向かい側の広小路に、ギヤマン細工（切子細工の入った品）の灯籠とビードロ細工のオランダ船の見世物が出て、歌川国貞の絵にも描かれ、そこからビードロ細工のかんざしを挿すのが流行ったという。ちなみにギヤマン、ビードロはともにガラス器を指すが、ギヤマンはオランダ語、ビードロはポルトガル語のなまったものとされる。

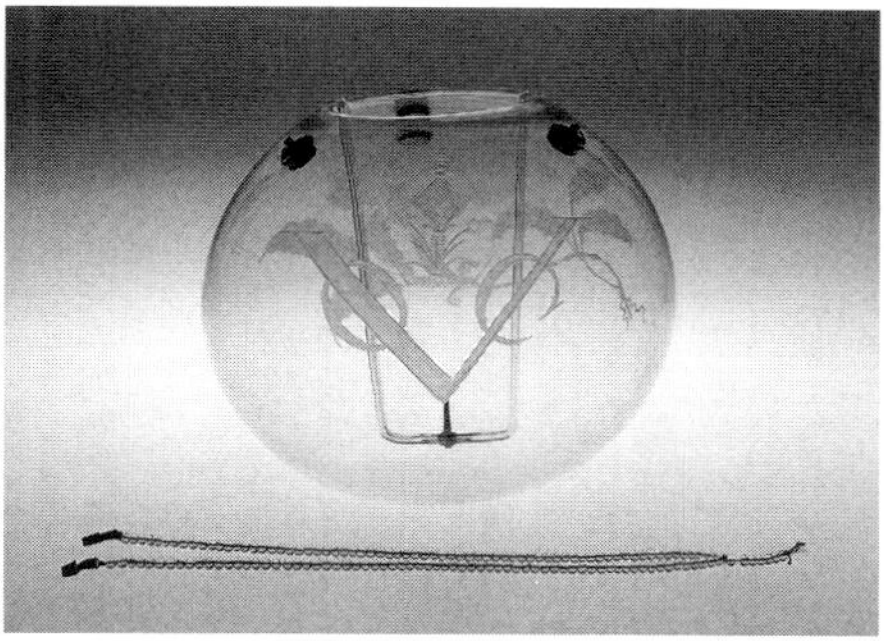

図 6-11　グラヴュール V. O. C マーク入り吊り行灯（神戸市立博物館蔵）
長崎製，江戸時代，18 世紀後半

ガラス製品は近世になると、長崎や薩摩をはじめ国内で生産されるようになったが（図6―11）、いわゆる鉛ガラスで、ヨーロッパ製のようなソーダ石灰ガラスを作る技術はまだなかった。舶来のガラス製品の方がやはり丈夫で透明度も高いので、高価であってもそちらの方が珍重されていたのである。

金唐革の変貌

その他、庶民の阿蘭陀趣味が生活に浸透したものとしては、更紗(インド・ジャワ・ヨーロッパ産)や縞(インド産)など織物があり、美人画の女性たちもこうした織物をまとっている。またオランダから運ばれる白砂糖も「出島白《でじまじろ》」とよばれた人気商品で、砂糖を使った菓子ももてはやされ、西洋菓子の製法の書籍なども出版された。砂糖は人気商品だけに、吉宗が意欲的に砂糖の国産化を推し進めたことは、先にふれたとおりである。

ところで阿蘭陀趣味の流行の中で、本国のオランダとは違った使われ方をした舶来品もあり、その典型が金唐革《きんからかわ》である。金唐革とは小牛の薄いなめし皮に凹凸をつけ、草花の絵などを金泥や金箔で描いた大変豪華な装飾用の壁革で、十六世紀からオランダをはじめヨーロッパ諸国で盛んに生産され、東インド会社を経て、日本にも運ばれた。最初は金唐革やそれが貼られた鏡が将軍や幕閣に献上されたが、日本では壁に貼るといった用途もなく、商品としてなかなか受け入れられなかったようである。

ところが金唐革が煙草入れや巾着などの袋物に使われるようになると、たちまち庶民にとっての人気商品となった(口絵17)。チューリップなどの異国の花やエンゼルなどの模様が、人々にとっては魅力的だったのである。そもそも奢侈禁令により贅沢を禁じられていた人々は、煙草入れの造りや素材に凝ることで鬱憤を晴らしていた。煙草入れの素材には金銀・象牙・珊瑚・玳瑁などが使われたが、そこに舶来の金唐革やオランダ産の更紗、羅紗・ビロードの毛織物などが加わったのである。

ちなみに文政七年(一八二四)の『江戸買物独案内《えどかいものひとりあんない》』には、袋物屋で「唐革(金唐革のこと)・唐更紗・唐羅紗」を煙草入れや鼻紙袋の材料として扱うという広告がある。唐物屋にかぎらず、渡物《わたりもの》とよばれた舶来物は、こうした専門店でも入手できたのである。

やがて金唐革は需要が多いことから、国産化が試みられ、幕末には和製の金唐革が生産されるようになり、いまでも姫路で生産されている。また革のかわりに和紙をつかった金唐革の模造品の製造も平賀源内によって試みられ、明治時代以降は、逆に日本からヨーロッパへの有力な輸出品となった。

急速に発達してきた庶民の阿蘭陀趣味の背景には、ここでとり上げたガラス製品、更紗・縞などの織物、砂糖、金唐革など、すべてについて国産化が進められ、その模造品もふくめての阿蘭陀趣味、阿蘭陀人気であったことも忘れてはならないだろう。

唐物屋の終焉

ところで江戸の庶民の異国趣味を彩った唐物屋も、江戸後期から幕末にかけては数が減少したらしい。というのも安政《あんせい》の開港にともない、商品の仕入れ先が急激に広がり、欧米の小物を扱う店が増えた結果、商いの質が変わったのである。小物とは服飾品、衣料、帽子、化粧品、洋酒、手提げ鞄などである。さらに明治の初めには「唐物屋」であったものが、明治十二年(一八七九)には東京府の命令で、同業組合を作るに際して、西洋小間物商ともよばれるようになった。

その頃に扱われた品は、織物、食料品、綿花、銅・鉄、機械、時計、眼鏡、食器、煙草、薬品などであった。たとえば、田山花袋《たやまかたい》の小説『田舎教師』が明治三十年代の風俗を写して、唐物屋についても、「唐物屋には毛糸、シャツ、ズボン下などが山のように並べられてある」とあることからも、扱う商品の内容がうかがわれる。そのほか唐物屋で扱う衣料品には、帽子・襟巻・洋傘・釦《ボタン》などもあった。

しかし、やがて唐物屋は分業して、それぞれ専門店へと変貌をとげていく。かの夏目漱石も、「道楽と職業」という明治四十四年(一九一一)八月の講演(講演集『私の個人主義』より)の中で、いまの日本で職業が細分化して多くなった現象を指摘し、唐物屋について次のように語っている。

現に唐物屋《とうぶつや》というものはこの間まで何でも売っていた。襟とか襟飾りとかあるいはズボン下、靴足袋、傘、靴、たいていないものがありました。身体へつけるいっさいの舶来品を売っていたと云っても差支ない。ところが近頃になるとそれが変ってシャツ屋はシャツ屋の専門ができる、傘屋は傘屋、靴屋は靴屋とちゃんと分れてしまいました。

つまり明治の終わり頃には、洋装の品物全般を扱っていた唐物屋が廃れてしまったというわけである。唐物屋は分業して、それぞれが専門店となり、時計商・眼鏡商・金物商・鉄砲商・鉄物商・機械商・ミシン商・石油商・薬品商・洋服商・洋紙商・帽子商・メリヤス商・洋酒商・文房具商などに転じていく。

その傾向に拍車をかけたのは、明治期に皇室などで国産品が奨励されたことで、たとえば明治九年(一八七六)に毛織物の生産がはじまっている。そして第一次世界大戦の開戦によって、ヨーロッパからの輸入品が途絶えた時期に、国内の生産がさらに活況を呈することになった。その際、舶来品全般を扱うのではなく、それぞれが専門店となって、舶来品と国産品を扱い、自社ブランドも開発していくといった流れができていった。

ひとつの例を挙げれば、今日、子供服のブランドとして名高い「サエグサ」も元はといえば、明治の初期は唐物屋であった。「サエグサ」の公式サイトによれば、創業者の三枝與三郎《よさぶろう》は、英国公使館のボーイであったが、明治二年(一八六九)に、築地の外国人居留地の近くに唐物屋「伊勢屋」を開店した。伊勢屋が扱った商品は、化粧品、靴、洋反物、洋傘、ランプ、鉛筆、食品にまでおよんでいたという。やがて伊勢屋は築地から銀座三丁目に移転し、英国から毛糸の直輸入を開始する。明治三十二年(一八九九)には、銀座三丁目に赤煉瓦三階建ての洋館を新築して、主力商品を毛糸から、婦人と子供の衣服や帽子、日傘やショールなどに移していく。

さらに大正十二年(一九二三)の関東大震災により、店の内部が全焼したことを機に、伊勢屋は子供服を主力商品とした店となり、「ギンザのサエグサ」と店名をあらため、現在にいたるのである。扱う商品も、自社のデザイナーを育成し、オリジナル商品の企画制作に力を注ぐようになり、輸入商の性格を脱していく。

明治の唐物屋を代表する伊勢屋の歴史を通して、近代の唐物屋が輸入専門店となり、さらに自社ブランドを育てる専門店へと変貌していくさまを垣間みることができるのである。

終章

「舶来品」からみた日本文化

貝貼り書箪笥(神戸市立博物館蔵)
ヨーロッパに輸出された螺鈿細工

唐物の歴史

前章では、舶来品が戦国の南蛮物から朱印状貿易、阿蘭陀物へとさまざまに広がったことをたどりみてきた。南蛮物やその後の阿蘭陀物も、舶来品の総称としての唐物の範疇にあることは、「はじめに」でふれた通りである。ここで改めて唐物の歴史の流れをまとめておきたい。

上代において、舶来品といえば、遣唐使をはじめ朝貢を建前とする国家間のやりとりを通じたものであった。唐・新羅からの舶来品はともに、まずは天皇を中心とした王権に吸収され、そこから臣下へ再分配されるという構造にあった。

平安時代に入ると、遣唐使ばかりでなく、新羅や唐の商人も活躍しはじめる。唐物はこうした海商からももたらされ、貴族層にも浸透していった。遣唐使の時代に王権にコントロールされていた唐物は、国風文化の時代に次第に貴族や富豪が所有する舶来ブランド品として定着していったのである。上代では文物《ぶんぶつ》とよぶべき異国の文化摂取の糧であった唐物は、平安時代には奢侈《しゃし》品(贅沢品)や威信財(ステイタス・シンボル)としての役割を強めていく。

平安の貴族たちは藤原道長を筆頭に、権力保持のためにも文化的な権威づけを必要とし、そのために唐物を有効活用していく。平清盛にとっても、日宋貿易で得た唐物は、経済的な基盤となったばかりか、旧貴族層や上皇を抑えて平氏政権を樹立し、文化的覇者となるための糧ともなった。

鎌倉期に入り、日宋貿易から日元貿易の時代になると、さらに大量の唐物が流入し、幅広い階層に唐物受容のブームを巻き起こし、茶も流行していく。佐々木道誉など南北朝のバサラ大名も、闘茶会に大量の唐物を投じている。

その時期を経て、足利将軍家では、日明貿易でもたらされた唐物が贈与財となり、「会所」に飾られる調度品となった。唐物は足利義満をはじめ将軍家を物質的にうるおし、かつ文化的に荘厳する装置であった。しかし足利義政の時代になると、幕府の財政は逼迫し、将軍家が集めた唐物のコレクションの多くを切り売りせざるをえない状況におちいっていく。流出した唐物は、たとえば茶の湯の名物茶器として巷に流通することになった。

こうした名物茶器は京や堺の豪商たちに買い上げられ、さらに戦国大名の手にわたるものもあった。名物茶器は格好の贈答品となり、それらを収集して政治的に活用しようとしたのが、天下人をめざした織田信長である。信長は武功を上げた家臣や町衆に名物茶器を惜しげもなくあたえて、受けとる側もそれを最大の名誉としていた。信長が本能寺で滅んだ後は、豊臣秀吉が信長の茶道具コレクションの再収集に躍起となっている。唐物も多くふくまれる信長の茶道具は、信長の後継者であるという秀吉の政治的立場をまさに保証するものであった。

さらに秀吉の死後、そのコレクションは徳川家康のもとに吸収されていく。秀吉ほどには名物茶器に執着しなかった家康も、名物茶器を贈答品として惜しげもなく贈って、政治的に活用している。

また信長・秀吉・家康の時代は、南蛮貿易も盛んとなり、南蛮物も流行した。特に信長や秀吉は派手好きで、南蛮趣味に染まり、ビロードのマント・南蛮帽子・タペストリーの陣羽織(口絵14)を身に着けた。

やがて南蛮貿易が終焉し、長崎でオランダや中国と通商する時代になると、唐物屋が舶来品と庶民をつなぐ架け橋となった。唐物屋は長崎から運ばれる唐物・蘭物をとりまぜて売り、特に蘭物のもの珍しさが人目をひいて、購買層も拡大していった。

こうして唐物は為政者や権力者あるいは富裕層の威信財であったところから、庶民層へと所有者の裾野を広げていったのである。

尚古趣味と新渡り物

以上のように唐物の歴史を粗々とふり返ったところで、これまでの章で断片的な言及にとどまった点、あるいはふれ得なかった点についても簡単にまとめておきたい。その様相は複雑で多岐にわたるが、ここでは論点をできるだけ絞って提示してみることにする。

まずは唐物を受容する際の嗜好について、その時代よりもひとつ前の時代のモノを好むという傾向を挙げることができる。いってみれば尚古趣味の問題である。

前章でみた西鶴の『日本永代蔵』の菊屋の話を、少し詳しくふり返ってみよう。菊屋は伏見にあった貧しい質屋であったが、とつぜん長谷観音を信仰しはじめて、何度も長谷寺に通う。ところが、その本当の魂胆は、仏像を囲った戸帳に時代物の唐織が使われているのを騙し取ろうということであった。やがて菊屋は、帳が切れかかっているのを理由に、新しい金襴《きんらん》を京からとり寄せて寄進するといい、まんまと長谷寺の古い帳の唐織を騙しとるのである。そして名物裂の茶入の袋などに加工して大儲けをした。新しい金襴は和製であった可能性も高いが、仮に舶来品であったにしても、古渡りの唐織の価値にはかなわないのである。古いモノの方が稀少で、骨董品のような価値があると考えられた例である。

陶器の世界でいえば、江戸後期には約二百年前の明代末期の陶器が流行し、清朝の民窯に注文して模造品を作らせ輸入するという現象がおこった。明代末期の陶器とは、「古染付《こそめつけ》」とよばれる景徳鎮の民窯で焼かれた青花磁器や、「呉州手《ごすで》」とよばれる現在の福建省《ふっけんしょう》近辺の民窯で焼かれたものである。それらは当時、日本の茶人からの注文で作られたものが多いが、こうした青花磁器が文政年間からふたたび流行したので、模造品が輸入されたのである（図7―1）。

時代物の唐物が好まれたという話は、室町時代にもみられる。足利十代将軍である義稙《よしたね》は、

図7-1　**青花菱馬水指**（野崎家塩業歴史館蔵）
明代の模造品

明応《めいおう》元年（一四九二）に遣明船を派遣する際、唐錦を求めるのならば、最近の品ではなく、端切れでもいいから、昔の唐錦を探してほしいとリクエストしている（『蔭涼軒日録《いんりょうけんにちろく》』）。

さらに時代をさかのぼると、『源氏物語』でも光源氏が「錦、綾なども、なほ古き物こそなつかしうこまやかにはありけれ」と、舶載の古い錦綾に軍配を上げていた（第三章参照）。これは大宰府の大弐からの献上品である唐物と、その昔、高麗人（渤海国の使節）から贈られた舶載品を比較しての言葉である。

このように、尚古趣味は平安時代から江戸時代まで幅広くみられるが、古渡りの唐物、あるいは今渡りの唐物でも年代物が好まれるという尚古趣味がなぜ起こるのか。答えを簡単に述べることは難しいが、当然ながら古いモノの方が品質が確かであるとか、稀少なため価値があるという要素を否定できないのではないか。しかし、また別の見方もつけ加えることができよう。それは、モノとしての価値に関わりなく、「より古い品」を良しとする感覚が日本的な美意識や規範意識にあるのではないかという観点である。

第五章では、義満をはじめ足利将軍家で、徽宗皇帝や牧谿・梁楷など宋の絵画が好まれ、東山御物になったことをたどりみてきた。同時代の明やその前の元でもなく、一昔前の宋で、しかも徽宗はともかく、牧谿・梁楷という本国ではそれほど評価を得ていない絵画がもてはやされたのである。そこには、〈和〉の文化からみた〈漢〉の文化の選択的な受容があったといえよう。

総じて室町時代には、同時代の明より一昔前の宋の唐物が好まれたが、それはこの時代にかぎったことともいえない。時代をさかのぼれば平安後期でも同時代の宋より、ともすれば唐の文物に理想をみるし、また下って江戸時代には、清より明の文物が好まれる傾向にあった。

この「古いモノへの愛好」癖がどこに由来するのか。その背景を正確に把握することは、本書の手にあまる。そこには、遊牧民族が統治する元・清を、唐・宋・明など漢民族の王朝よりも蔑視するという、いわゆる華夷思想の問題もひそんでいるのかもしれない。ともあれ、一時代前の王朝の文物を愛好するという傾向は、唐物をふくめて日本文化や思想全般の問題として、さらに掘り下げて分析する必要があるだろう。

もっとも「古渡り」「時代渡り」「昔渡り」といった古い舶来品を好む尚古趣味が、唐物の文化史のすべてを覆っているわけではない。「新渡り」とか「今渡り」とよばれる新しい唐物であっても、稀少で良質で、また美意識にマッチすれば、十分に歓迎される余地もある。なかでも南蛮趣味や阿蘭陀趣味の舶来品は新奇な品であることで、もてはやされたと想像される。ただ錦綾などの唐織物、座敷飾りや茶道具となる茶碗・花瓶・絵画にかぎっていえば、やはり尚古趣味を否定できないのである。

和製の唐物

次に残された課題として、唐物を通史的に扱う場合、文献から唐物をどのように抽出するかという点もある。舶来品は輸入された後、それが有用であり、かつそれを模した品を簡単に作れるのであれば、国内で生産される可能性は高い。そうした和製の唐物と外来の唐物そのものとを区別するのが難しいことは、上代からの問題としてあった。

またそれに重なることだが、唐がついた語でも、唐絵、唐櫃、唐衣など、唐物というより、唐風の様式を指す語も少なくないし、それらが和製であることも多い。たとえば、『万葉集』に出てくる「韓帯」は日本式の帯ではなく、大陸伝来の様式の帯であることはまちがいないが、それは舶載品かもしれないし、そうでないかもしれない。朝鮮半島からの渡来人、あるいは日本人により国内で生産されたものかもしれない。唐物か、和製の唐風の品であるのか、断定することはきわめて困難なのである。

そもそも舶載の唐物と和製の唐物を区別することが難しい上、唐物と和製の唐物を価値としてどのように区別するかも問題である。一般論としていえば、舶載の唐物の方が稀少性があり、より価値が高いので、それを入手できる富裕層と、できずに和製の二流のイミテーション（唐めく品）に甘んじる層という対比が考えられる。

しかし時代が下るにつれ、技術も上がり、和製の唐物の品質も当然のようにアップする。室町期の唐物のランキングの書である『君台観左右帳記』（第五章参照）の諸本には、「和漢の見やう肝要にて候」「和漢の見やうは其物によりて口伝ならでは難レ申候」といった言葉がみえる。「和物と唐物の見分け方が肝腎である」とか、「和物と唐物の見分け方は品物によっては口伝でないと難しい」という言葉からはその時代、唐物であるのか、和製であるのか、鑑定に迷うことが多かったことがうかがわれる。逆に和製の唐物がふえて真贋や価値を判断することが難しくなった時代であればこそ、『君台観左右帳記』のような鑑定のガイドブックが必要になったともいえよう。

だから遜色のない和製の唐物があれば、そちらを選択するという判断もありえたわけである。徳川吉宗の時代のように、国産化できるものは和製の品々に頼って、むしろ舶来品の輸入量を減らし、対価の金銀銅の流出をふせごうとする動きも出てくる。

和製の唐物の技術が向上して、逆に日本からの輸出品になったものもある。螺鈿細工などは、その最たるものであった。第一章で正倉院の螺鈿紫檀五絃琵琶をとり上げたように、そもそも螺鈿の技法は唐の時代に遣唐使により伝えられた。しかし、次第に日本化され、宋代の頃になると、逆に中国から喜ばれる輸出品となった。さらに南蛮貿易の時代には、螺鈿と蒔絵の技術を使ったヨーロッパ向けの品々が多く輸出されて、人気を博したという(本章扉)。

一方で、海彼から到来したことが明らかな品であっても、加工が日本でなされた品もたくさんある。その典型が平安時代の薫物で、材料はすべて輸入品の香料でも、加工はこちらでなされた。その調香は、「唐の合はせ薫物」とよばれる中国伝来の調香法のものもあれば、日本的美意識に馴化したものもあることは、第三章で述べたところである。

唐物の日本的変容

唐物の文化史において、さらに注意しておきたいのは、舶来の唐物であっても、異国での本来の用途とは違った使い方が日本でされて、もてはやされた例である。ここには日本国内での独自な受容と価値づけという問題が見出せる。

第六章でみたように、江戸時代に長崎に輸入された金唐革は、ヨーロッパでは建築材や家具に使われたが、高価なため国内では煙草入れや巾着入れに小さく使われ、庶民が愛用している。これなども唐物の日本的変容のひとつの例といえよう。

室町時代の唐物茶入も、その典型的な例となっている。中国では香油入れに過ぎなかった小さな壺が、室町時代に高価な茶道具となり、「つくも茄子」「初花」など日本的な銘をつけてブランド力をまし、茶道の世界で権威となったのである。

茶道具でもうひとつ、本国で価値のないものに価値を見いだした例として、曜変天目の茶碗(口絵12)が挙げられる。『君台観左右帳記』では、陶製の茶碗の第一に挙げられるほど評価の高い品である(第五章参照)。南宋の時代に製作された茶碗で、黒釉茶碗の内側に大小の斑文があり、その周囲に瑠璃色の虹彩があらわれて、あたかも満天の星のように神秘的な美しさをたたえている。

曜変天目は世界を見わたしても日本に三点しかなく、すべて国宝になっている。ところが生産地の中国ではまったく残っていないどころか、忌み嫌われたらしい。この謎については、彭《ほう》丹《たん》氏の分析がある。中国で曜変天目が残らなかったのは、窯の中の予測不能の変化によってできる窯変が、陰陽五行説からは不吉な前兆とされて、窯を出るとすぐに壊される運命にあったからだという。

つまり曜変天目で現存する三点は、なんらかの理由でかろうじて破壊をまぬがれて、海商により日本にもたらされたことになる。しかも中国ではそもそも窯変天目であったのが、日本では「曜変」という、ともに光り輝くという意味の美しい名称に変えられて、足利将軍家の御物として重んじられた。これもまた唐物が日本国内での独自な価値づけを得た例といえるだろう。

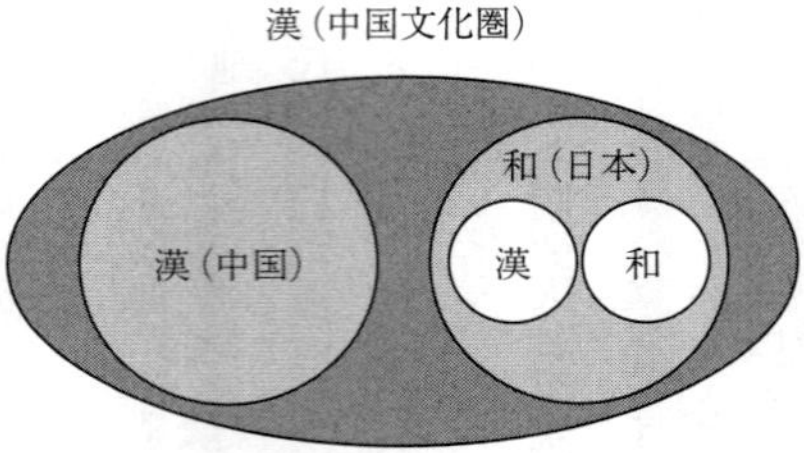

図7-2　和漢の構図［基本型］（『唐物と東アジア〔アジア遊学147〕』勉誠出版より）

「日本の中の漢」に位置する唐物

以上のように尚古趣味、和製の唐物、唐物の日本的変容を粗々とたどってみると、改めて思われてくるのは、日本文化における和漢の構図と、その中での唐物の位置づけの問題である。日本美術史でよくいわれる和漢の二重構造に沿って、もう少し課題を整理してみよう。

室町の美術を専門とする島尾新氏は日本美術における和漢の構図について、上のような図を示している（図7—2）。

平安時代については、

公（漢）——漢詩・漢字（真名）・唐絵
私（和）——和歌・仮名・大和絵

といった、公私の世界における和漢の文化の使い分けが指摘されることを第三章で述べたが、それを漢（中国）と和（日本）の対比の中に、入れ子構造として示した図である。

唐風文化の和様化によって「和」の文化が成熟すると、日本の中で「漢」と「和」を対比する意識が生まれる。それは、もとからあった日本＝「和」の文化に、「漢」の文化が加わるというより、いったん世の中を覆った完成度の高い「漢」の中から、「和」が再創造されたのであるが、それと同時に「和」と「漢」が対となる和漢の構図が成立してくるというのである。注意しなくてはならないのは、ここでの「中国の中の漢」と「日本の中の漢」はつながっているがイコールではない点である。たとえば先の唐物茶入や曜変天目は、日本と中国での評価は食い違い、「中国の中の漢」とイコールにならない「日本の中の漢」の典型である。また、一時代前の唐物を好むという傾向も「日本の中の漢」の問題に関わっているのではないか。

さらに島尾氏は和漢の構図について次のように指摘している。

この構図の特徴は、外在する先進的な文化である「漢」＝中国を、「和」＝日本の中へととり込むこと。それが「和」＝日本の中でさらに「和」と対になることによって、中国文化圏を構成する「和」「漢」と、日本をかたちづくる「和」「漢」とが相似形をなすことになる。その象徴的機能の最たるものは、外在する「漢」＝中国を含む「世界の構造」の写像が、あたかも「和」＝日本に内在するかのようなイメージを生成することである。「和漢の構図」は、東アジアの周縁の文化が、その内に東アジアを包み込むが如き幻想を産み出すための装置だった。

和漢の文化のシンメトリックな構造にあって、唐物は和製の唐物、唐風の品をふくめて、日本の中の「漢」を体現する文化的装置として機能したと考えられる。つまり「漢」のミニチュアが唐物、和製の唐物、唐風の品という次第であった。

また島尾氏は、足利将軍邸の座敷飾りにおける、会所＝唐物と寝殿・常御所＝和物という、和漢のペアもこの構図で考えられるといい、おおげさにいえば、将軍邸が東アジアを内包するがごとき幻想を作り出すためのものだったとする。

だとすれば、時代をさかのぼって、聖武天皇が天平勝宝四年(七五二)の大仏開眼供養会のために唐風の屛風を大量に作らせ、それを嵯峨天皇が正倉院から借り出したことも、同様にとらえ直されるのではないか(第二章参照)。『国家珍宝帳』によれば、光明皇后は聖武天皇の没後、百点以上もの屛風を東大寺に献納した。嵯峨天皇は、その中から、山水画屛風をはじめ、唐国図屛風、大唐古様宮殿画屛風、唐古人屛風、唐女形屛風など合わせて三十六帖もの屛風を出蔵している。これらの屛風に共通しているのは中国の古今の宮殿や名所の風景、人物などが描かれている点である。そのように日本で作られたとおぼしき唐風屛風も、聖武朝や嵯峨朝にとって、まさに周縁である日本の文化が東アジアを包みこむような幻想を作り出す文化的装置としてあったといえるのではないか。

そもそも唐物が和製をふくめて、王権や権力者の威信財でありえた歴史も、唐物が珍しいというにとどまらず、しばしば日本の中の「漢」を体現する、わかりやすい文化的装置であったからにほかならない。唐物のブランド性や外部性はそのように機能していたのである。

足利将軍家にかぎらず、権力者の権威性とは、日本の中の「和」だけではなく、また「漢」だけでもなく、両方を掌握し示威するところに理想型があるはずだが、唐物はそのようなコンテクストに奉仕するものでもあったのだ。

「日本の中の和」にとりこまれる唐物

しかし、どうやら唐物は和製をふくめて、日本の中の「漢」(「唐」)を体現するだけにとどまらなかった。同じく日本文化における和漢の構図に注目した美術史の千野香織氏は次のように指摘する。

〈和の中の《唐》〉という受け入れの場所を用意しておくことによって、〈和の中の《和》〉という旧来の美術を脅かすことなく、日本は新来の、場合によっては圧倒的に高度な外国の美術を、好きなだけ摂取することができる。(中略)そして新たに摂取した美術が消化吸収されると、それらは旧来の美術と同化して〈和の中の《和》〉という場所の方へ移動し、〈和の中の《唐》〉という場所には、再び新来の美術を摂取する余裕が生まれている、というわけである。外来の美術や文化を摂取しては巧みに更新するという仕組みであるからこそ、〈和の中の《和》〉は、常に変容しながら、しぶとく生き延びてくることができたのであろう。

ここで〈和の中の《唐》〉に収まった外来の美術が、ずっとそこに居つづけるのではなく、旧来の美術と同化して〈和の中の《和》〉という場所の方へ移動するという指摘は重要である。「圧倒的に高度な外国の美術」「新来の美術」もまた「唐物」の一部と考えられるから、理論上からいえば、唐物は「日本の中の漢」として機能する場合と、日本文化に消化吸収され、「日本の中の和」という場所へ移行するものがあるということである。そのような和漢の位置の転換や再編は、島尾氏も注目するところである。

輸入されて、後に主要な輸出品となった螺鈿細工もそうであるし、『源氏物語』の薫物でふれた日本化の様相なども、その例となろう。唐時代の煉香の製法が輸入されて発達した薫物は、「唐の合はせ薫物」として、「日本の中の漢」に居つづけるばかりでなく、日本的な変容を遂げて、六種《むくさ》の薫物のように四季に合わせて使い分ける例もあった。黒方・梅花・荷葉・侍従・菊花・落葉という六種の薫物は、日本の美意識と季節感をあらわすといわれ、唐物の加工物が転じて「日本の中の和」になった格好の例といえよう。

「和漢のさかいをまぎらかす」再考

しかもことが複雑なのは、「日本の中の漢」に位置づけられる唐物と、「日本の中の和」にとりこまれる唐物の境界もはっきりしたものではなく、ともすれば曖昧になることである。

第五章でみた村田珠光の「和漢のさかいをまぎらかす事、肝要肝要、ようじんあるべき事也」も、その曖昧さを前提とした言葉ともいえる。ここでの珠光の主張は、茶道具で唐物が上位にあり、下位に和物があるのではなく、唐物と和物の境をとり払って、対等の価値を持つ茶道具として扱うべきだというものである。しかもそこでは唐物と和物の茶道具そのものの質も接近しているのである。

珠光にその言葉をいわしめる根拠として、ひとつには唐物茶碗の製法が日本で吸収されて、備前焼・信楽焼などの和物が発達していたことが挙げられる。もうひとつは、「日本の中の漢」でもっとも漢らしい正統派の唐物、龍泉窯の青磁のような官窯系の完成美でなく、珠光青磁茶碗(口絵13)のような民窯の品に珠光が価値を見いだしていたということがある。珠光青磁茶碗といった唐物は、「日本の中の和」のもっとも近くに位置するものといえよう。これは珠光の中で「日本の中の漢」「日本の中の和」が接近し、その境界が曖昧になっている例ともいえる。

ところで珠光の言葉のインパクトをもって、日本の文化史について、平安時代のような和漢並立から、室町時代に和漢融合の文化へ転じたという理解がなされることがある。くり返すように、平安時代には、和漢の文化の並立があり、それが公私の世界で使い分けられることに特徴があった。室町期にいたっても、義満の頃までは和漢の文化の並立がきわやかで、北山殿では唐物と和物の対比を活かした室礼をしていた。しかし義政の頃から、次第に唐物と和物の質が近づき、「唐」と「和」の文化の関係性に変化が起こってくるという見方である。

じつは筆者も唐物の歴史を考えるにあたり、最初はそうした見取図を想定していた一人である。しかし唐物の歴史を細かくたどっていくうちに、そうした通念だけで文化史を考えることに疑問をいだくようになった。たしかに室町時代に「日本の中の漢」と「日本の中の和」の距離は縮まったかにみえるが、そうした脈絡だけで文化史を単純にとらえきることもできないのである。

唐風の文化の受容によって和の文化が成熟すると、漢と和を対比する意識が生まれるが、その一方、和漢融合は絶え間なくおこなわれてきたのではないか。和の文化が成熟していけば、おのずといつの時代にも和漢並立と和漢融合は同時に起こりうるし、平安時代も珠光以降の時代もその歴史をくり返してきたと考えられる。唐物をめぐる諸事象のドラマは、まさにそのような日本文化の歴史をも照らし返していると思われるのである。

参考文献

全般にわたるもの

荒野泰典・村井章介・石井正敏編『日本の対外関係一―六』吉川弘文館、二〇一〇―一三年
河添房江・皆川雅樹編『唐物と東アジア　舶載品をめぐる文化交流史』(『アジア遊学』一四七号)、勉誠出版、二〇一一年
シャルロッテ・フォン・ヴェアシュア著、河内春人訳『モノが語る　日本対外交易史　7―16世紀』藤原書店、二〇一一年
対外関係史総合年表編集委員会『対外関係史総合年表』吉川弘文館、一九九九年
田中健夫・石井正敏編『対外関係史辞典』吉川弘文館、二〇〇九年
土田直鎮・石井正敏他編『海外視点　日本の歴史4―12』ぎょうせい、一九八六―八七年
皆川雅樹『日本古代王権と唐物交易』吉川弘文館、二〇一四年
森克己『新編森克己著作集一―四』勉誠出版、二〇〇八―一一年
山本博文他編『NHKさかのぼり日本史　外交篇5―9』NHK出版、二〇一三年

第一章

安藤更生『鑑真』(人物叢書)、吉川弘文館、一九八九年

神田喜一郎「鑑真和上と書道」『芸林談叢』法蔵館、一九八一年
瀧浪貞子『帝王聖武――天平の勁き皇帝』(講談社選書メチエ)、講談社、二〇〇〇年
東野治之『鑑真』(岩波新書)、岩波書店、二〇〇九年
同『正倉院』(岩波新書)、岩波書店、一九八八年
鳥越泰義『正倉院薬物の世界』(平凡社新書)、平凡社、二〇〇五年
中西進『聖武天皇――巨大な夢を生きる』(PHP新書)、PHP研究所、一九九八年
奈良国立博物館編『正倉院宝物に学ぶ』思文閣、二〇〇八年
『別冊太陽　正倉院の世界』平凡社、二〇〇六年
李成市『東アジアの王権と交易』青木書店、一九九七年

第二章

上田雄『渤海使の研究』明石書店、二〇〇二年
榎本淳一『唐王朝と古代日本』吉川弘文館、二〇〇八年
亀井明徳「唐・新羅商人の来航と大宰府」『海外視点・日本の歴史5　平安文化の開花』ぎょうせい、一九八七年
河添房江『光源氏が愛した王朝ブランド品』(角川選書)、角川学芸出版、二〇〇八年
熊倉功夫『茶の湯の歴史』(朝日選書)、朝日新聞社、一九九〇年
神津朝夫『茶の湯の歴史』(角川選書)、角川学芸出版、二〇〇九年
後藤昭雄「承和への憧憬」『今井源衛教授退官記念　文学論叢』九州大学文学部国語学国文学研究室、一

九八二年
小川後楽『茶の文化史』文一総合出版、一九八〇年
小松茂美『日本書流全史　上』講談社、一九七〇年
佐伯有清『最後の遣唐使』(講談社学術文庫)、講談社、二〇〇七年
酒寄雅志「九・十世紀の日本の国際関係」(『アジア遊学』二六号)、勉誠出版、二〇〇一年
佐野みどり「王朝の美意識と造形」『岩波講座日本通史6　古代5』岩波書店、一九九五年
田中史生『越境の古代史』(ちくま新書)、筑摩書房、二〇〇九年
同「最後の遣唐使と円仁の入唐求法」『遣唐使船の時代』(角川選書)、角川学芸出版、二〇一〇年
出川哲朗「法門寺出土の秘色青磁」『中国の正倉院法門寺地下宮殿の秘宝「唐皇帝からの贈り物」展図録』新潟県立近代美術館・朝日新聞社文化企画局・博報堂編、一九九九年
原豊二「遣唐留学生像の受容と変遷」『源氏物語文化論』新典社、二〇一四年
東野治之『遣唐使船』(朝日選書)、朝日新聞社、一九九九年
保立道久『黄金国家』青木書店、二〇〇四年
三谷邦明「竹取物語の方法と成立時期――〈火鼠の裘〉とアレゴリー」『物語文学の方法I』有精堂出版、一九八九年
皆川雅樹「九世紀日本における「唐物」の史的意義」(『専修史学』第三四号)、二〇〇三年
村井康彦「国風文化の創造と普及」『岩波講座日本歴史　古代4』岩波書店、一九七六年
同『茶の文化史』(岩波新書)、岩波書店、一九七九年
森克己『日宋貿易の研究』国立書院、一九四八年

森公章『遣唐使の光芒』(角川選書)、角川学芸出版、二〇一〇年
由水常雄『ガラスと文化――その東西交流』(NHKブックス)、NHK出版、一九九七年
米田雄介『正倉院と日本文化』吉川弘文館、一九九八年
渡邊誠『平安時代貿易管理制度史の研究』思文閣出版、二〇一二年

第三章

大津透『道長と宮廷社会』講談社、二〇〇一年
朧谷寿『藤原道長』ミネルヴァ書房、二〇〇七年
河添房江『源氏物語と東アジア世界』(NHKブックス)、NHK出版、二〇〇七年
京樂真帆子「平安京貴族文化とにおい」『薫りの源氏物語』翰林書房、二〇〇八年
倉本一宏『藤原道長の日常生活』(講談社現代新書)、講談社、二〇一三年
田中圭子『薫集類抄の研究』三弥井書店、二〇一二年
田村圓澄『大宰府探求』吉川弘文館、一九九〇年
橋本雄『中華幻想　唐物と外交の室町時代史』勉誠出版、二〇一一年
皆川雅樹「九〜十世紀の「唐物」と東アジア」(『人民の歴史学』一六六号)、二〇〇五年
同「日本古代の対外交易と「東部ユーラシア」」(『歴史学研究』八八四号)、二〇一一年
山内晋次『奈良平安朝の日本とアジア』吉川弘文館、二〇〇三年
同『NHKさかのぼり日本史　外交篇9　平安・奈良　外交から貿易への大転換』NHK出版、二〇一三年

第四章

網野善彦『日本社会の歴史　中』(岩波新書)、岩波書店、一九九七年
同『海と列島の中世』日本エディタースクール出版部、一九九二年
入間田宣夫・豊見山和行『日本の中世5　北の平泉、南の琉球』中央公論新社、二〇〇二年
小島毅『中国の歴史07　中国思想と宗教の奔流』講談社、二〇〇五年
小松茂美『平家納経の研究』(『小松茂美著作集』第十一巻)、旺文社、一九九五年
五味文彦『中世を歩く』(岩波新書)、岩波書店、二〇〇九年
同『明月記の史料学』青史出版、二〇〇〇年
同『『徒然草』の歴史学』(朝日選書)、朝日新聞社、一九九七年
斉藤利男『平泉――よみがえる中世都市』(岩波新書)、岩波書店、一九九二年
高橋昌明『平清盛、福原の夢』(講談社選書メチエ)、講談社、二〇〇七年
田中健夫『海外視点　日本の歴史6　鎌倉幕府と蒙古襲来』ぎょうせい、一九八六年
永井晋『金沢貞顕』吉川弘文館、二〇〇三年
村井章介『漢詩と外交』朝日新聞社、一九九五年
三田村雅子『記憶の中の源氏物語』新潮社、二〇〇八年

第五章

江口浩三『茶人　織田信長』ＰＨＰ研究所、二〇一〇年

河合正治『足利義政』清水書院、一九七二年
熊倉功夫『茶の湯の歴史』(朝日選書)、朝日新聞社、一九九〇年
同『小堀遠州の茶友達』大統書房、一九八七年
小島毅『織田信長　最後の茶会』(光文社新書)、光文社、二〇〇九年
桜井英治『室町人の精神』講談社、二〇〇一年
島尾新「会所と唐物」『中世の文化と場』東京大学出版会、二〇〇六年
竹本千鶴『織豊期の茶会と政治』思文閣出版、二〇〇六年
徳川美術館展示目録『室町将軍家の至宝を探る』二〇〇八年
ドナルド・キーン『足利義政』中央公論新社、二〇〇三年
橋本雄『中華幻想　唐物と外交の室町時代史』勉誠出版、二〇一一年
秦恒平「佐々木道誉」『人物日本の歴史7　南朝と北朝』小学館、一九七六年
松岡心平・小川剛生編『ZEAMI　中世の芸術と文化4　足利義満の時代』森話社、二〇〇七年
三田村雅子『記憶の中の源氏物語』新潮社、二〇〇八年
村井康彦『茶の文化史』(岩波新書)、岩波書店、一九七九年
矢部良明『茶の湯の祖、珠光』角川書店、二〇〇四年

第六章

荒野泰典『日本の時代史14　江戸幕府と東アジア』吉川弘文館、二〇〇三年
伊藤三千尾編『唐物屋とその世相』一九三〇年

岩崎均史「唐物屋雑考」、「阿蘭陀趣味――庶民への広がり」『阿蘭陀趣味　鎖国下のエキゾチズム』たばこと塩の博物館編、一九九六年
岩下哲典『江戸の海外情報ネットワーク』吉川弘文館、二〇〇六年
大石学『江戸の外交戦略』(角川選書)、角川学芸出版、二〇〇九年
大庭脩『江戸時代の日中秘話』東方書店、一九八〇年
同『徳川吉宗と康熙帝――鎖国下での日中交流』大修館書店、一九九九年
岡佳子「唐物屋覚書」(『日本美術工芸』六七二号)、一九九四年
片桐一男『江戸のオランダ人』(中公新書)、中央公論新社、二〇〇〇年
田中優子『グローバリゼーションの中の江戸』(岩波ジュニア新書)、岩波書店、二〇一二年
たばこと塩の博物館編『おらんだの楽しみ方』二〇〇九年
『探訪大航海時代の日本Ｉ　南蛮船の渡来』小学館、一九七八年
徳川義宣「家康の遺産に見る世界の品々」『海外視点　日本の歴史10　将軍の国と異邦人』ぎょうせい、一九八七年
戸沢行夫『江戸がのぞいた〈西洋〉』教育出版、一九九九年
松尾龍之介『長崎を識らずして江戸を語るなかれ』(平凡社新書)、平凡社、二〇一一年
松田毅一『日本の南蛮文化』淡交社、一九九三年
山田慶児編『物のイメージ・本草と博物学への招待』朝日新聞社、一九九四年
山本真紗子『唐物屋から美術商へ』晃洋書房、二〇一〇年
横山宏章『長崎唐人屋敷の謎』(集英社新書)、集英社、二〇一一年

ロナルド・トビ『「鎖国」という外交』小学館、二〇〇八年

終章

島尾新「日本美術としての「唐物」」『唐物と東アジア　舶載品をめぐる文化交流史』(『アジア遊学』一四七号)、勉誠出版、二〇一一年
千野香織「日本美術のジェンダー」『千野香織著作集』ブリュッケ、二〇一〇年
羽田聡「中世史料研究と唐物」『東アジアをめぐる金属工芸』(『アジア遊学』一三四号)、勉誠出版、二〇一〇年
彭丹『中国と　茶碗と　日本と』小学館、二〇一二年
松岡正剛『日本という方法』(NHKブックス)、NHK出版、二〇〇六年

＊『万葉集』をはじめ日本古典文学の引用は、小学館の『新編日本古典文学全集』に拠ったが、私に表記を改めた箇所もある。また引用文の振り仮名については、旧仮名遣いを用いた。

■図版出典について

本書掲載図版の所蔵元等については、原則として各図のキャプションに示した。なお特に注記を加えるべきものについて、以下に補足する。

口絵11について

『茶と金沢貞顕』（二〇〇五年度特別展図録、神奈川県立金沢文庫）より転載

図3―2、4章扉、図4―7について

『文選集注と唐物玩味』（二〇〇九年度企画展図録、神奈川県立金沢文庫）より転載

図3―6について

Tosa Mitsunobu

The Warbler's First Song (Hatsune), Chapter 23 of the "Tale of Genji" (Genjimonogatari) 1985. 352. 23. A

Reproduced by permission of Harvard Art Museums, Cambridge, MA.

図4―6について

Reproduced by permission of Gwangju National Museum

あとがき

歴女という言葉があるそうである。

本書で扱った信長・秀吉・家康といった人物群像は、じつは少女時代の記憶に深く刻印された存在であった。小学校の高学年から歴史小説に読みふけり、ＮＨＫの大河ドラマのファンとなった私にとって、戦国の覇者たちは親戚よりも身近に感じられたのである。

歴女のはしりのような、いわば戦国フリークの少女が、いつしか歴史研究者を志しはじめたのも、自然の成り行きであったかもしれない。しかし、結局のところ国文科に進学した私は、『源氏物語』を中心とした平安文学の研究者になってしまった。ところが、唐物の世界に魅せられ、歴史学の論文を少しずつかじっていくうちに、その研究がまさに中学生の時の夢をとりもどす結果となった。

そもそも私が唐物のテーマにめざめたのは一九九〇年代のはじめ、『源氏物語』の梅枝巻に出てくる唐物に注目したことが発端である。

戦後において、近代以前の交易品の研究は、森克己の『日宋貿易の研究』をはじめとする一連の研究を除いて、長らく停滞していた。それが八〇年代後半からようやく対外関係史の一環として、また東アジア関係史の視点から光が当てられ、特に九〇年代後半から、文学研究者にも参照しやすい歴史学の成果が蓄積されたことはありがたかった。その成果をふまえつつ、唐物に関する対象分析を『源氏物語』から平安文学全般に広げて、いくつかの著作をまとめることもできた。

しかし、そうした執筆作業の中で改めて感じたのは、唐物という視座をひとつの時代や領域に限定して分析を進めることの限界であった。このテーマにおいては歴史学・美術史・国文学の連携が求められるし、時代も横断的に見わたす必要がある。

これまで、ともすれば古代から近世まで個々の時代で、また歴史学・美術史・国文学と個々の領域の中で語られがちであった唐物について、相互の連関を考えながら、あらたにその歴史を提示したいと希うようになり、本書の執筆を思い立ったのである。

ところが、実際にとり組んでみると、専門外の時代や領域を多く扱うこともあり、予想していた以上に困難で、茫漠たる気分に陥ることもしばしばであった。そんな時、その存在を思い出しては気力をとりもどすきっかけとなった二人の方々がいる。一人は小島毅氏で、中国思想史が専門であるが、日本史についての著述も多く、本書の執筆でも足利義満や織田信長について多くを学ばせていただいた。

また小島氏は、東大大学院の多分野交流演習のコーディネーターとして、私を客員教員に誘ってくださった。「東アジアの王権と宗教」というテーマの演習で、二〇〇九年度から三年ほど異領域の諸先輩の話をうかがい、時代を越え国境を越えた議論に参加できたことは、本書をまとめる上でも大きな刺激となった。

もう一人は、唐物についての若手研究者である皆川雅樹氏である。皆川氏とは二〇一一年秋に『アジア遊学』という雑誌で唐物特集を共同編集させていただいた。お蔭で皆川氏をはじめ、特集で執筆依頼した方々により、歴史学や美術史でこれまで唐物がどのように研究されてきたかを、つぶさに知ることができた。以上のような経緯で、ここでお二人の名前を挙げて、謝意を表したい。

＊

さて、この新書をまとめる間に、母の病気と死があり、その喪失感を埋めるかのように原稿を書きつづけた日々もあった。脱稿が最初に予定していたより、ずっと遅れてしまったが、それでも「研究者ならば、いつか岩波から本を出しなさい」と大昔、院生の私に言ってくれた父が健在なうちに、何とかこの本を捧げることができたのは幸いであったと思う。

ともあれ、この新書をきっかけに、一人でも多くの読者が唐物の世界の広がりと深みに興味を持っていただければ幸いである。

最後に図版の調整をはじめ、たいへん面倒な仕事におつき合いいただいた編集の古川義子さん、原稿の整理を手伝ってくださった本橋裕美さんに心より感謝いたします。

二〇一四年一月

河添房江

河添房江

1953年生まれ
1985年東京大学大学院人文科学研究科博士課程単位取得退学
現在—東京学芸大学教授，一橋大学大学院連携教授，博士(文学)
専攻—平安文学・平安文化
著書—『性と文化の源氏物語』(筑摩書房)
『源氏物語時空論』(東京大学出版会)
『源氏物語と東アジア世界』(ＮＨＫブックス)
『光源氏が愛した王朝ブランド品』(角川選書)
『古代文学の時空』(編著，翰林書房)など

唐物の文化史
—舶来品からみた日本　　岩波新書(新赤版)1477

2014年3月20日　第1刷発行
2018年3月20日　第2刷発行

著　者　河添房江《かわぞえふさえ》

発行者　岡本　厚

発行所　株式会社 岩波書店
〒101-8002 東京都千代田区一ツ橋2-5-5
案内 03-5210-4000　営業部 03-5210-4111
http://www.iwanami.co.jp/

新書編集部 03-5210-4054
http://www.iwanamishinsho.com/

印刷・三陽社　カバー・半七印刷　製本・中永製本

ISBN 978-4-00-431477-6　　Printed in Japan

岩波新書新赤版一〇〇〇点に際して

ひとつの時代が終わったと言われて久しい。だが、その先にいかなる時代を展望するのか、私たちはその輪郭すら描きえていない。二〇世紀から持ち越した課題の多くは、未だ解決の緒を見つけることのできないままであり、二一世紀が新たに招きよせた問題も少なくない。グローバル資本主義の浸透、憎悪の連鎖、暴力の応酬――世界は混沌として深い不安の只中にある。

現代社会においては変化が常態となり、速さと新しさに絶対的な価値が与えられた。消費社会の深化と情報技術の革命は、種々の境界を無くし、人々の生活やコミュニケーションの様式を根底から変容させてきた。ライフスタイルは多様化し、一面では個人の生き方をそれぞれが選びとる時代が始まっている。同時に、新たな格差が生まれ、様々な次元での亀裂や分断が深まっている。社会や歴史に対する意識が揺らぎ、普遍的な理念に対する根本的な懐疑や、現実を変えることへの無力感がひそかに根を張りつつある。そして生きることに誰もが困難を覚える時代が到来している。

しかし、日常生活のそれぞれの場で、自由と民主主義を獲得し実践することを通じて、私たち自身がそうした閉塞を乗り超え、希望の時代の幕開けを告げてゆくことは不可能ではあるまい。そのために、いま求められていること――それは、個と個の間で開かれた対話を積み重ねながら、人間らしく生きることの条件について一人ひとりが粘り強く思考することではないか。その営みの糧となるものが、教養に外ならないと私たちは考える。歴史とは何か、よく生きるとはいかなることか、世界そして人間はどこへ向かうべきなのか――こうした根源的な問いとの格闘が、文化と知の厚みを作り出し、個人と社会を支える基盤としての教養となった。まさにそのような教養への道案内こそ、岩波新書が創刊以来、追求してきたことである。

岩波新書は、日中戦争下の一九三八年一一月に赤版として創刊された。創刊の辞は、道義の精神に則らない日本の行動を憂慮し、批判的精神と良心的行動の欠如を戒めつつ、現代人の現代的教養を刊行の目的とする、と謳っている。以後、青版、黄版、新赤版と装いを改めながら、合計二五〇〇点余りを世に問うてきた。そして、いままた新赤版が一〇〇〇点を迎えたのを機に、人間の理性と良心への信頼を再確認し、それに裏打ちされた文化を培っていく決意を込めて、新しい装丁のもとに再出発したいと思う。一冊一冊から吹き出す新風が一人でも多くの読者の許に届くこと、そして希望ある時代への想像力を豊かにかき立てることを切に願う。

（二〇〇六年四月）

岩波新書より

芸術

ヴェネツィア 美の都の一千年　宮下規久朗
丹下健三 戦後日本の構想者　豊川斎赫
学校で教えてくれない音楽　大友良英
中国絵画入門　宇佐美文理
瞽女うた　ジェラルド・グローマー
東北を聴く　佐々木幹郎
黙示録　岡田温司
ボブ・ディラン ロックの精霊　湯浅学
仏像の顔　清水眞澄
ヘタウマ文化論　山藤章二
小さな建築　隈研吾
デスマスク　岡田温司
コルトレーン ジャズの殉教者　藤岡靖洋
雅楽を聴く　寺内直子
歌謡曲　高護
四コマ漫画　清水勲
琵琶法師　兵藤裕己
歌舞伎の愉しみ方　山川静夫
自然な建築　隈研吾
シェイクスピアのたくらみ　喜志哲雄
肖像写真　多木浩二
東京遺産　森まゆみ
日本の色を染める　吉岡幸雄
プラハを歩く　田中充子
コーラスは楽しい　関屋晋
日本絵画のあそび　榊原悟
イギリス美術　高橋裕子
ぼくのマンガ人生　手塚治虫
日本の近代建築 上・下　藤森照信
日本の舞踊　渡辺保
千利休 無言の前衛　赤瀬川原平
やきもの文化史　三杉隆敏
色彩の科学　金子隆芳
歌右衛門の六十年　中村歌右衛門　山川静夫
フルトヴェングラー　脇圭平　芦津丈夫
床の間　太田博太郎
日本の耳　小倉朗
写真の読みかた　名取洋之助
水墨画　矢代幸雄
絵を描く子供たち　北川民次
名画を見る眼 正・続　高階秀爾
ギリシアの美術　澤柳大五郎
ヴァイオリン　無量塔蔵六
音楽の基礎　芥川也寸志
日本美の再発見〔増補改訳版〕　ブルーノ・タウト　篠田英雄訳

岩波新書より

日本史

鏡が語る古代史　岡村秀典
日本の近代とは何であったか　三谷太一郎
戦国と宗教　神田千里
古代出雲を歩く　平野芳英
自由民権運動〈デモクラシー〉の夢と挫折　松沢裕作
風土記の世界　三浦佑之
京都の歴史を歩く　小林丈広・高木博志・三枝暁子
蘇我氏の古代　吉村武彦
昭和史のかたち　保阪正康
「昭和天皇実録」を読む　原武史
生きて帰ってきた男　小熊英二
遺骨　戦没者三一〇万人の戦後史　栗原俊雄
在日朝鮮人　歴史と現在　水野直樹・文京洙
京都〈千年の都〉の歴史　高橋昌明
唐物の文化史　河添房江

小林一茶　時代を詠んだ俳諧師　青木美智男
信長の城　千田嘉博
出雲と大和　村井康彦
女帝の古代日本　吉村武彦
秀吉の朝鮮侵略と民衆　北島万次
コロニアリズムと文化財　荒井信一
特高警察　荻野富士夫
朝鮮人強制連行　外村大
勝海舟と西郷隆盛　松浦玲
古代国家はいつ成立したか　都出比呂志
渋沢栄一　社会企業家の先駆者　島田昌和
前方後円墳の世界　広瀬和雄
木簡から古代がみえる　木簡学会編
中世民衆の世界　藤木久志
中国侵略の証言者たち　岡部牧夫・荻野富士夫・吉田裕編
漆の文化史　四柳嘉章
法隆寺を歩く　上原和

平家の群像　物語から史実へ　高橋昌明
シベリア抑留　栗原俊雄
アマテラスの誕生　溝口睦子
中国残留邦人　井出孫六
証言 沖縄「集団自決」　謝花直美
幕末の大奥　天璋院と薩摩藩　畑尚子
遣唐使　東野治之
戦艦大和　生還者たちの証言から　栗原俊雄
金・銀・銅の日本史　村上隆
中世日本の予言書　小峯和明
沖縄現代史〔新版〕　新崎盛暉
刀狩り　藤木久志
戦後史　中村政則
明治デモクラシー　坂野潤治
環境考古学への招待　松井章
日本人の歴史意識　阿部謹也
明治維新と西洋文明　田中彰
新選組　松浦玲

岩波新書より

奈良の寺	奈良文化財研究所編
植民地朝鮮の日本人	高崎宗司
聖徳太子	吉村武彦
漂着船物語	大庭脩
東西／南北考	赤坂憲雄
江戸の見世物	川添裕
王陵の考古学	都出比呂志
日本文化の歴史	尾藤正英
日本の神々	谷川健一
南京事件	笠原十九司
日本社会の歴史 上・中・下	網野善彦
絵地図の世界像	応地利明
江戸の訴訟	高橋敏
宣教師ニコライと明治日本	中村健之介
神仏習合	義江彰夫
謎解き洛中洛外図	黒田日出男
韓国併合	海野福寿
従軍慰安婦	吉見義明

中世に生きる女たち	脇田晴子
考古学の散歩道	田中琢・佐原真
中世倭人伝	村井章介
琉球王国	高良倉吉
昭和天皇の終戦史	吉田裕
西郷隆盛	猪飼隆明
平泉 よみがえる中世都市	斉藤利男
象徴天皇制への道	中村政則
正倉院	東野治之
軍国美談と教科書	中内敏夫
青鞜の時代	堀場清子
子どもたちの太平洋戦争	山中恒
江戸名物評判記案内	中野三敏
国防婦人会	藤井忠俊
徳政令	笠松宏至
一揆	勝俣鎮夫
日本文化史〔第二版〕	家永三郎
自由民権	色川大吉
徴兵制	大江志乃夫

寺社勢力	黒田俊雄
神々の明治維新	安丸良夫
茶の文化史	村井康彦
戒厳令	大江志乃夫
漂海民	羽原又吉
真珠湾・リスボン・東京	森島守人
陰謀・暗殺・軍刀	森島守人
東京大空襲	早乙女勝元
兵役を拒否した日本人	稲垣真美
天保の義民	松好貞夫
近衛文麿	岡義武
管野すが	絲屋寿雄
山県有朋	岡義武
福沢諭吉	小泉信三
吉田松陰	奈良本辰也
大岡越前守忠相	大石慎三郎
江戸時代	北島正元
大坂城	岡本良一
豊臣秀吉	鈴木良一
織田信長	鈴木良一